KB264155

내 안의 성공코드를 찾아라

비즈니스와 인생에 관한 43가지 성공 멘토링

내 안의 성공코드를 찾아라

초판 1쇄 인쇄 | 2005년 5월 20일
초판 1쇄 발행 | 2005년 5월 25일

지은이 | 찰스 가르시아
옮긴이 | 정재창
펴낸이 | 김건수

펴낸곳 | 김앤김북스
100-210 서울시 중구 수하동 40-2 우석빌딩 501호
전화 | 773-5133 팩스 | 773-5134
이메일 | knk@knkbooks.com
출판등록 | 2001년 2월 9일(제12-302호)

ISBN 89-89566-15-0   03320

• 책값은 뒤표지에 있습니다.
• 잘못 만들어진 책은 바꾸어 드립니다.

내 안의 성공코드를 찾아라

비즈니스와 인생에 관한 43가지 성공 멘토링

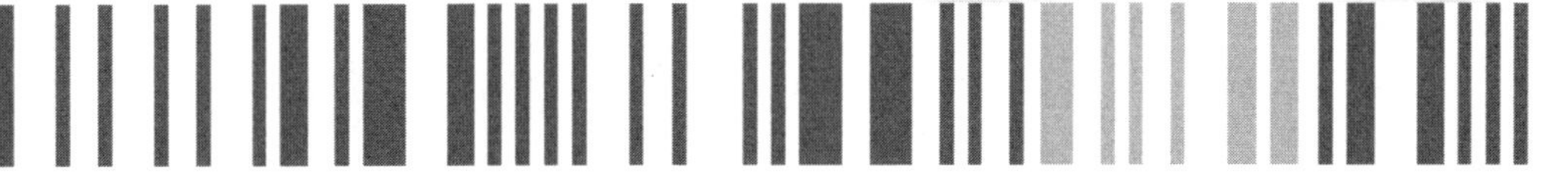

찰스 가르시아 지음 | 정재창 옮김

감앤김북스

추천의 글

하이메 에스칼란테
| 영화 「스탠드 업」의 주인공인 하이메 선생의 실제 인물 |

군 제대 후에 백악관에서 잠시 일한 다음 변호사 개업 준비를 마친 찰스 가르시아는 다른 일을 해야 한다는 사실을 문득 깨달았다. 찰스는 법조인의 길을 뒤로하고 맨땅에서 자신의 사업을 일구기 시작했다. 그리고 좁은 사무실에서 두 명의 직원과 함께 사업을 시작한 지 6년이 지난 현재, 그가 이끄는 스털링 파이낸셜(Sterling Financial)은 확고한 위치에 올라섰다.

이 책은 남의 회사의 비품 창고에서 사업을 시작할 때부터 미국에서 가장 급성장한 히스패닉계 기업으로 성공하기까지의 찰스 가르시아의 경험을 들려준다. 이 책은 하나의 성공담으로 비춰질 수 있지만, 그가 정말로 말하고자 하는 것은 인생에서 진정한 천직을 찾아 자신의 꿈을 실현하기 위한 전략과 결합시키는 것이 중요하다는 점이다.

날카로운 관찰자인 찰스는 자신의 회사를 글로벌 기업으로 성장시키기 위해 이전에 함께 일했던 수많은 성공한 사람들에게서 배운 원칙을 적용했다. 현재 찰스는 주 정부와 국가의 정책 입안에 대한 조언자로서 아이들의 삶과 교육 환경을 향상시키기 위해 노력하고 있다.

무엇이 찰스에게 성공을 향한 영감과 동기를 부여했을까? 찰스의 아버지는 어린 아들에게 『가르시아 장군에게 보내는 메시지』라는 책을 읽어주곤 했다. 1899년에 처음으로 출간된 이 책은 스페인과 미국이 벌인 전쟁 당시, 두려움 없이 임무를 완수하려는 한 남자의 불굴의 노력을 이야기하고 있다. 로완 중위는 반란군 지도자인 가르시아 장군에게 편지를 전달하라는 임무를 맡는다. 로완은 편지를 받아 품에 넣자마자 아무것도 묻지 않고 곧바로 길을 떠난다. 그리고 죽음을 불사하고 자신에게 맡겨진 임무를 완수한다. 이 이야기는 찰스가 전하고자 하는 중요한 메시지를 함축하고 있다. 아무것도 묻지 않고 임무를 스스로 해결하기 위해서는 엄청난 노력이 필요하다. 앞서가기 위한 최고의 전략은 주도성을 발휘하는 것이다.

이 책은 단순히 동기부여만을 위한 책은 아니다. 인생에서 무엇인가를 얻고자 하는 사람들에게 실질적인 도움을 줄 수 있는 가이드북이다. 인생에서 무엇을 얻으려고 하는지, 그리고 그것을 어떻게 얻어야 할지 모르는 사람들에게 반드시 필요한 책이다.

나는 교육이 인생을 변화시킬 수 있는 힘이라고 배웠다. 교육이 아이들의 삶을 변화시키듯이, 이 책에서 얻을 수 있는 정보와 지식 또한 여러분의 삶을 바꿔놓을 수 있다. 만족스럽고 가치 있는 삶을 살기 위해서는 스페인어로 'ganas'라고 부르는, 성공을 향한 불타는 열망이 있어야 한다. 그리고 자신이 정말로 좋아하는 일을 찾아야 한다. 찰스는 자신의 열정을 발견했고, 이 책을 통해 열정을 찾아내고 목표에 도달하는 방법을 알려준다.

이 책은 여러분이 열망의 심지에 불을 댕기고 열정을 향해 나아갈 수 있도록 도와줄 것이다. 그리하여 인생에서 자신만의 진정한 천직을 찾고 자신과 가족을 위해 보다 만족스럽고 가치 있는 미래를 열 수 있도록 해줄 것이다.

| 목 차 |

제1부 자신의 열정과 강점을 찾아라

015 베이브 루스는 삼진왕인가 홈런왕인가

023 샤워커튼을 팔더라도 하고 싶은 일을 해라.

031 성공하려면 돈이 아니라 열정을 좇아라

042 **부록 _Emode 성격 테스트**

제2부 성공믿음을 작동시켜라

057 올리비아의 마법 팔찌

066 **성공믿음 1_로완 중위는 가르시아 장군이 어디 있는지
묻지 않았다**

074 **성공믿음 2_당신에겐 성공 열망이 필요하다**

079 **성공믿음 3_답은 언제나 현장에 있다**

086 **성공믿음 4_모든 사람을 영웅처럼 대하라**

092 **성공믿음 5_나쁜 상황도 순식간에 좋게 변할 수 있다**

098 성공믿음 6 _정도를 걷는 것이 가장 빠르다

103 성공믿음 7 _독서는 성공 자석이다

109 성공믿음 8 _원칙은 실패하지 않는다

114 성공믿음 9 _변화를 즐겨라

124 성공믿음 10 _길은 언제나 하나가 아니다

129 성공믿음 11 _성공의 제1원칙은 끈기이다

134 성공믿음 12 _인맥은 결정적 순간을 위해 필요하다

제3부　성공전략 1 _목표를 높게 설정하라

145 성공전략은 단순해야 한다

153 목표가 있으면 어디라도 도달할 수 있다

164 희망과 긍정의 힘을 믿어라

169 매일 자신의 목표에 집중하라

176 도전하기에 너무 늦은 때란 없다

제4부 성공전략 2_당장 계획을 세워라

183 모든 성공은 준비된 것이다

187 아이디어 개발에 시간을 써라

192 성공의 문화를 퍼뜨려라

199 자신의 꿈을 확신시켜라

203 올바른 사람들을 승선시켜라

209 강점에 초점을 맞춰라

제5부 성공전략 3_즉각 행동에 옮겨라

215 매일매일 성공하라

220 자신을 이끌어줄 멘토를 찾아라

230 최고의 역할 모델은 가까이에 있다

235 매일매일 기록을 남겨라

239 시간은 내 편일 수도 적일 수도 있다

243 리더의 마인드를 가져라

249 커뮤니케이션은 단순하게 하라

254 어떤 상황에서도 소신을 지켜라

258 최고의 인재를 끌어들여라

제6부 성공전략 4 _ 절대 포기하지 마라

269 재능도 인내를 대신할 수 없다

274 자신을 낮추어 상대의 마음을 사라

277 자신을 돌아보는 시간을 가져라

280 성공은 언제나 역경 너머에 있다

284 나를 믿으면 무엇이든 할 수 있다

288 마지막 멘토링

01 | 자신의 열정과 강점을 찾아라

베이브 루스는
삼진왕인가 홈런왕인가

나는 공항으로 가기 위해 택시를 기다리고 있었다. 잠시 후 택시가 도착했고, 택시기사가 뛰어나오며 영어로 인사를 건넸다. 그의 말투에는 스페인 억양이 약간 묻어났다. 나는 무의식적으로 스페인어로 대답했다. 175센티의 키에 옅은 갈색 머리 그리고 푸른 눈의 내가 유창하게 스페인어를 구사하자 그는 다소 놀라는 것 같았다. 나는 군데군데 스티커 자국이 남아 있는 낡은 여행가방과 서핑 보드를 가지고 있었는데, 그는 서핑 보드를 보고서 다시 한번 놀라는 눈치였다.

"택시 지붕에다 이것 좀 묶을 수 있을까요?" 나는 익숙한 동작으로 자동차 케이블 고정 장치를 당기면서 기사에게 스페인어로 물었다. 우리는 그다지 힘들이지 않고 보드를 차 위에 안전하게 올려놓을 수 있었다. 나는 주로 플로리다 해안에서 짧은 보드를 이용해 잔잔한 파도를 탔지만, 택시에 올려놓은 오렌지색과 초록색이 섞인 3미터가량의 기다란 서핑 보드는 하와이에서 큰 파도를 탈 때나 사용하는 것이었다. 나는 큰 파도를 타보는 게 소원이었다.

나는 아내와 아이들을 안아주려고 몸을 돌렸다. 백악관 연구원 시절에 만나 결혼한 지 올해로 10년째인 아내 앨리슨은 나를 꼭 안으며 키스를 해주었다. 9살 난 올리비아와 7살배기 스털링은 아빠의 관심을 끌어보겠다고 서로 티격태격했다. 셋째 팔로마는 아직 아내의 뱃속에 있었다. 아내는 내 휴가 여행에 대해서 대환영이었다. 이번 여행이 나에게 얼마나 중요한지 잘 알고 있기 때문이었다. 나는 아이들에게 입맞춤을 하고 택시 뒷좌석에 올라탔다.

"세뇨르 돈데 바모스(Sẽnor, donde vamos : 손님, 어디로 모실까요)?"

택시기사가 시동을 걸었다.

"에어로 푸에르토 데 마이애미(Aero puerto de Miami : 마이애미 공항으로 갑시다)."

나는 고개를 돌려 아내와 아이들을 쳐다보았다.

플로리다의 보카라톤에서 하와이로 가는 최선의 방법은 마이애미 국제공항에서 비행기를 타는 것이다. 나는 서핑을 즐길 수 있다는 생각에 한껏 들떠 있었다. 서핑은 파나마에서 어린 시절을 보내는 동안 배웠었다. 그러나 지난 20년간 서핑을 그다지 즐기지 못했기 때문에 이번 여행은 내게 아주 특별했다. 새 천년이 시작되는 첫날 아침에 하와이의 주도인 카우아이 섬에서 서핑을 즐길 것이다. 나는 지그시 눈을 감았다. 파도 소리와 따가운 모래알, 바다 냄새가 느껴지는 것만 같았다.

공항에 도착했을 때 짐꾼 한 사람이 내 보드를 날라주며 영수증을 건네고는 공항 뒤편으로 서둘러 모습을 감추었다. 짐꾼들은 서핑 보드나 자전거, 골프 가방, 스키 장비 같은 휴가를 즐기러 온 관광객들의 덩치 큰 짐들을 나르기 위해 분주히 돌아다녔다. 나는 가방을 들고 체크인 카운터로 갔다. 탑승 수속을 하려고 줄을 서서 기다리는데 전화벨이 울렸다. 휴대전화에 찍힌 번호를 확인해보니, 마이애미 지역번호인 305번으로 시작되고 있었다. 그러나 그 번호가 누구의 것인지 알 수는 없었다.

"찰스 가르시아입니다." 모르는 사람의 전화를 받았을 때 내가 일상적으로 건네는 첫 마디이다. 스피커에서 들리는 목소리는 밝았지만 누가 걸었는지는 전혀 알 수 없었다.

"안녕하세요, 가르시아 씨." 여자가 명랑한 어조로 말했다.

"누구시죠?" 나는 가방을 들고 앞줄로 이동하면서 물었다.

"저는 유니비전 TV의 PD 실비아 베이언이라고 합니다. 축하말씀 전하려고 전화 드렸습니다."

"그게 무슨 말씀이신가요?" 나는 당황스러웠고, 그녀가 무슨 말을 하는지 알 수가 없었다.

"유니비전 TV에서는 히스패닉계 미국인 중에서 미국의 사회와 문화, 생활에서 영향력을 발휘하는 대표적인 인물인 가르시아 씨를 특집으로 다루기로 결정했습니다." 그녀는 다소 상기된 어조로 말했다.

"유니비전 TV라고 하셨나요?" 나는 잠시 생각해보았다. 그래 맞아. 나를 놀려주려고 친구들이 파놓은 함정임이 분명해.

"바발론 양." 나는 일부러 그녀의 이름을 틀리게 불렀다. "나를 놀리는 데 잠시나마 성공했군요. 그러니까 내 친구들에게 이제 그만하라고 말해줘요. 새해 복 많이 받고 새 천년에 다시 만나자는 말도 전해주시고요."

친구들이 숙취로 인한 두통 때문에 아스피린을 찾고 있을 동안, 나는 하와이에서 새해를 맞으며 서핑을 즐기고 있을 것이다. 나는 전화를 끊고서 웃으며 혼잣말을 했다. "하마터면 속을 뻔했잖아."

나는 파나마와 콜로라도, 온두라스, 에콰도르, 워싱턴 D.C., 뉴욕, 플로리다 등 수많은 지역에서 살았다. 그리고 그곳에 살면서 만났던 사람들과 아직도 친분을 유지하고 있는데 가끔씩 서로에게 짓궂은 장난을 치기도 한다. 아마도 그 친구들 중 한 명이 그녀를 조종하고 있는 것이 분명했다.

그때 전화벨이 다시 울렸다. "가르시아 씨?"

"누구시죠?"

"조금 전에 전화 드렸던 실비아 베이언입니다."

"이봐요, 비들 양. 제발 내 친구들한테 내가 안 속아넘어가더라고 말 좀 전해주시오. 당신과 한가하게 이런 얘기를 나눌 시간이 없어요. 난 지금 하와이행 비행기를 타려고 공항에서 탑승 수속 중이란 말이오." 나는 다시 전화를 끊었다.

"이런 내 정신 좀 보게." 나는 시간을 확인해보았다. 아직 30분 정도 여유가 있었다.

공항의 중앙 홀을 지나서 서점 앞에 멈춰 섰다. 나는 평소 서점에 자주 자주 들르는 편인데 일주일에 최소한 2권 정도 읽는 편이다. 내가 즐겨 읽는 분야는 주로 전기나 비즈니스 관련 서적이다. 무심코 비즈니스 코너를 둘러보다가 지금은 휴가 중이라는 사실을 문득 깨닫고는 소설과 잡지 쪽으로 눈을 돌렸다. 나는 로버트 루드럼의 스릴러 소설을 고르면서 새로 나온 비즈니스 잡지도 10여 종 함께 집어 들었다.

서점에서 나와 탑승구 쪽으로 걸어가고 있는데 또다시 전화벨이 울렸다. 이번에도 마이애미 지역번호인 305번이었다. 나는 계속 걸으며 전화를 받았다.

"여보세요. 가르시아 씨, 제발 전화 좀 끊지 마세요." 톤이 높고 약간 짜증이 섞인 목소리였다..

"아, 바발론 양이군요. 뭘 어떻게 하라는 말씀이신가요?"

"가르시아 씨, 제 이름은 바발론도 비들도 아닌 베이언입니다. 그리고 당신이 지금 무슨 말씀을 하시는지 모르겠군요. 저는 유니비전 TV의 PD이고, 오구요 이스파노(Orgullo Hispano : '히스패닉계의 자부심'이란 뜻) 시리즈의 출연 제의 때문에 전화 드린 겁니다."

"아, 그래요. 베이언 양, 그 제의에 응하면 '오르-구-요 이스-파-노' 제작진과 뭘 어떻게 해야 하는 거죠?" 나는 프로 제목을 일부러 강하게 발음하면서 약간 퉁명스럽게 천천히 물었다. 하지만 아까보다는 상당히 누그러진 상태였다. 제기랄! 그녀가 진짜 1억 2천만 명의 시청자를 보유한 세계 최대 규모의 히스패닉권 TV 네트워크인 유니비전의 PD라면 어쩌지? 틀림없이 날 바보라고 생각할 텐데.

"우선 우리 제작진이 당신 사무실로 찾아가서 촬영을 할까 해요. 그걸로 30초짜리 프로모션용 TV 광고를 제작할 겁니다. 미니 전기 형태로 제작된 광고는 향후 3년 동안 매일 전세계 TV 시청자들에게 방송될 거예요."

그 말에 귀가 솔깃했다. 나는 가던 길을 멈추고 그녀와 계속 이야기했다. "베이언 양." 이번에는 그녀의 이름을 정확하게 발음했다. "나 말고 또 누가 출연하죠?"

"가수 리키 마틴, 권투선수 오스카 데 라 호야, 수학 교사인 하이메 에스칼란테, 영화배우 셀마 헤이엑, MLB 스타 새미 소사, 그밖에도 여러 명이 있습니다."

"모두 유명인사들이군요. 하지만 솔직히 말해서 내가 왜 그 대열에 끼게 됐는지 알 수가 없군요." 나는 조용히 생각했다. 지금까지 이 프로그램에 선정된 사람들 중에서 선정 이유를 물어본 사람은 아마 아무도 없을 거야. 선정된 사람들은 모두 자타가 인정하는 최고들인데 누가 그딴 걸 물어보겠어.

"메모를 한번 살펴보죠." 그녀는 내 경력을 빠르게 읽어 내려갔다. 그러고는 마지막으로 물었다. "남의 회사의 비품 창고에서 3명이 모여 창업했고, 현재는 7개국에 약 60개 이상의 지점을 운영하고 계시죠?"

"사실이오." 나는 질문에 대답했다. "하지만 당신이 조사한 그 사실들은 이제껏 내가 저질러 온 큰 실수들일 뿐이오."

"실수라고요?" 그녀는 호기심에 가득 찬 목소리로 물었다.

"베이언 양은 야구를 좋아하시나요?"

"싫어하진 않습니다."

"베이브 루스가 홈런왕으로 알려져 있지만 삼진도 많이 당했다는 거 혹시 아세요? 그리고 놀란 라이언도 MLB 삼진왕이지만 포볼이 많은 투수였어요."

"그렇군요. 하지만 가르시아 씨, 대부분의 사람들은 홈런왕 베이브

루스와 삼진왕 놀란 라이언을 기억할 뿐입니다." 그녀는 나의 비유를 간단히 묵살하면서 말했다. "가르시아 씨, 우리는 주목 받는 차세대 비즈니스맨을 특집으로 다루려고 합니다. 특히 미국 내 히스패닉계 지역사회와 연관된 사람을 찾고 있어요. 그리고 우리는 당신이 마흔도 안 된 나이에 성공했다는 사실을 높이 평가하는 겁니다."

굳이 내 나이를 언급할 필요가 있었을까? 그런 말을 들을 때마다 나는 나폴레옹이 서른 살이 되기 전에 전 유럽을 정복했고 그것이 바로 진정한 성공이라고 사람들에게 말해주고 싶다.

어쨌든 그녀가 내 재치 있는 비유를 무안하게 했기 때문에 나는 아무 말도 할 수 없었다. 나는 시계를 흘긋 쳐다보았다. 사람들이 급히 게이트를 통과하고 있었다. 나도 서둘러야 했다.

"당신은 우리 프로에 딱 맞는 사람입니다." 그녀가 말했다. "가르시아 씨, 언젠가는 책도 써야 할 거 아닙니까."

"글쎄요, 책은 한번도 생각해본 적이 없습니다. 그런데 지금 난 서둘러 비행기를 타야 해요. 하실 말씀이 남았습니까, 베이언 양?"

"아뇨, 없습니다. 돌아오실 때쯤 다시 연락드리겠습니다. 그때 다시 약속을 잡도록 하시죠."

"그럽시다." 나는 전화를 끊었다. 탑승 게이트를 빠져 나오면서 나는 그녀와 나눈 대화 내용을 머릿속에 다시 떠올렸다. 아마도 그녀는 나를 예의도 없는 바보 얼간이라고 생각했을 것이다. 무엇보다도 전화를 두 번씩이나 일방적으로 끊어버렸다. 그녀는 사무실에 돌아가서 친구들에게 내 이야기를 할 것이다.

"있잖아, 내 얘기 좀 들어봐. '오구요 이스파노' 프로 출연 요청 때문

에 가르시아라는 사람한테 전화를 했는데 말이야, 두 번이나 전화를 끊
어버리는 거야. 친구들이 자기를 골탕 먹이려고 하는 줄 알았나봐." 그
녀의 웃음소리가 가까이에서 들리는 것 같았다. "재미있는 사람 같기
는 한데 좀 멍청하더라구."

샤워커튼을 팔더라도 하고 싶은 일을 해라

비행기에 탑승해서 좌석을 찾은 다음 앞으로 12시간 동안 함께 앉아 있게 될 사람을 재빠르게 쳐다보았다. 그는 작은 키에 대머리로 50대 중반쯤 되어 보였고 밝은 초록색 잠바를 입고 있었다. 그를 보는 순간 영화배우 대니 드 비토가 떠올랐다.

나는 책 한 권을 좌석 주머니에 꽂아 두고서 그에게 손을 내밀어 인사를 청했다.

"찰스 가르시아라고 합니다."

"클라렌스 코드너요" 그는 약간 느린 남부 말투로 짧게 대답했다. 클라렌스는 샤워커튼을 파는 세일즈맨이었다. 그는 '세계 샤워커튼 연례 모임'에 참석하기 위해 하와이로 가는 중이었다. 클라렌스는 애틀랜타에 살고 있는데 거래하는 슈퍼마켓 체인을 방문하기 위해 마이애미를 방문했었고 샤워커튼 세일즈맨 동료들을 만나려고 잠시 휴가를 내어 하와이로 가는 중이었다. 비행기가 이륙하기도 전에 나는 샤워커튼 비즈니스에 대해 많은 것을 알게 됐는데 무척 흥미로웠다. 합성수지 선정 기준도 독특했고, 디자인적인 요소를 신경 써야 할 뿐만 아니라 커튼에도 항균 기능이 필요했다.

나는 비행기 창을 통해 흐르는 구름을 차분히 바라보면서 실비아 베이언 생각을 잠시 했다. 그때 전화를 끊기 바로 직전에 그녀가 한 말이 떠올랐다. "언젠가는 책도 써야 할 거 아닙니까." 그녀가 이 말을 했을 때는 인터뷰에 신경 써야 했기 때문에 나는 별 생각이 없었다. 그러나 그녀의 말이 머릿속에 떠올랐을 때 나는 곰곰이 생각해보았다.

내가 과연 성공에 관한 책을 쓸 수 있을까?

나는 지난 세월을 찬찬히 더듬어보았다. 나는 미 공군사관학교에서 사관생도 명예위원회 의장직을 맡으며 리더십을 배웠다. 그 후 여러 유명인사들을 보좌하면서 리더십을 현장 체험했다. 전 나토 최고연합 사령관인 4성 장군 존 갤빈 대장의 핵심 부관으로 수년 동안 일한 적이 있다. 그리고 백악관 연구원 시절에 전 교육부장관이자 마약 담당 책임자인 윌리엄 베닛과 전 골드만 삭스 회장인 존 화이트헤드의 특별보좌관 직을 수행했다. 물론 월스트리트의 최고 트레이더였던 버지 슈와르츠와 탁월한 비즈니스맨이었던 장인 세이머 홀츠먼도 빼놓을 수 없다. 장인은 1960년도에 처음 기업을 공개했는데, 그때 그의 나이는 26살이었다. 나는 3년 동안 장인을 도와 일하면서 많은 것을 배울 수 있었다.

성공을 바라는 사람들에게 내가 줄 수 있는 것이 과연 무엇일까? 나의 정신적 스승들과 비범한 인물들로부터 배웠던 소중한 교훈을 어느 정도나 사람들에게 전해줄 수 있을까? 좋은 가문에 훌륭한 경력을 쌓은 CEO가 하는 말이라면 사람들은 기꺼이 그의 말을 들으려 하고 신뢰감을 표할 것이다. 그러나 유명인사가 아닌 사람이 리더십이나 성공, 신체 단련이나 인간관계에 대해 이야기한다면 사람들이 귀를 기울일 것인가? 비록 실비아 베이언이 제안한 것을 정말로 확신할 수는 없었지만, 만일 TV에서 나를 소개해준다면 나는 사람들의 잠재력을 최대한 달성할 수 있도록 도울 수 있을지도 모른다.

나는 손목시계를 흘긋 쳐다보았다. 아버지한테 선물 받은 롤렉스이다. 이 시계는 지미 카터 전 미국 대통령과 파나마 운하 조약 협상을 벌였던 카리스마 넘치는 파나마의 지도자 오마르 토리호스 장군의 아내로부터 아버지가 선사 받은 것이었다. 아버지는 조지타운 대학에서 심장 전문의 과정을 마쳤고, 이후에 파나마 공중위생국장을 역임했다. 그리고 토리호스 장군의 충실한 조언자이기도 했다. 토리호스 장군이 비행기 충돌 사고로 사망한 후, 장군의 부인은 운명하는 날까지 장군이 차고 있던 시계를 아버지에게 주었다. 이 시계는 시계 이상의 의미가 있다. 대단한 감성적 가치를 지니고 있는 진정한 의미의 역사적 기념품이기 때문이다. 그리고 22년 동안 중학교에서 과학을 가르치셨던 어머니를 생각했다. 나는 두 분으로부터 정말 많은 것들을 배웠다.

나는 성공에 관한 책을 쓸 수 있다.

하와이로 날아가는 동안 특별한 일은 별로 없었다. 내가 책을 읽는 동안 클라렌스는 줄곧 먹고 마셔댔다. 그러면서 가끔씩 봉과 링이 포함된 새로운 샤워커튼 패키지에 대해 설명해주었다. 나는 그의 이야기를

냅킨노트 1_성공을 정의하라

성공을 이루기 위해서는 경제적 이득을 따지지 말고 평생을
몸 바쳐 일할 수 있는 천직을 찾아야 하며, 그 일을 누구보다
잘 해낼 수 있도록 끊임없이 노력해야 한다.
정말 좋아하는 일을 선택하고 자신이 선택한 일에 열정을
쏟는다면, 인생에서 부와 진정한 행복을 성취할 수 있다.

넋을 잃고 들었다. 클라렌스는 자신의 일에 능숙할 뿐만 아니라 열정이
넘쳤다. 그리고 아주 일상적인 곳에서 자신의 우수성을 발휘했다. 그는
참으로 훌륭한 샤워커튼 세일즈맨이다.

나는 앞으로 쓰게 될 책에 대해서 생각해보았다. 나는 자신의 성취
능력을 개선시킬 방법을 찾고 있는 사람들과 현재의 암울한 상황에서
벗어날 수 있는 방법을 찾고 있는 사람들을 돕고 싶다. 가장 중요한 것
은 자신의 삶이 어떤 방향으로 나아가야 하는지를 알고 싶어하는 사람
들에게 내 책이 유용하기를 바란다는 점이다. 그리고 자신을 더 잘 이
해하고 강점을 발견할 수 있도록 도와주고 싶다.

나는 냅킨에다 몇 마디를 긁적이기 시작했다. 35,000피트 상공을 날
고 있을 때 몇 가지 아이디어들이 떠올랐던 것이다.

냅킨노트 2 _ 돈이 곧 성공은 아니다

성공하기 위해 부자가 될 필요는 없다. 그리고 부자가
되었다고 해서 다 성공한 것도 아니다.
성공은 은행 잔고의 크기에 의해 측정되지 않는다. 성공은
얼마나 많은 돈을 벌고 다른 사람이 자신을 어떻게 생각하는
가와 관계없이 자신이 좋아하는 일을 발견하고 그 일을
꾸준히 수행해 나가는 데 있다.
다시 말해, 성공은 어떤 직업을 선택하느냐, 선택한 일을
어떻게 수행하느냐에 달려 있는 것이다.

냅킨노트 3 _

천직을 찾을 수 있도록 도와줘라

평생 몸담을 수 있는 천직을 찾도록 사람들을 돕는 것도 아주
훌륭한 일이다. 이 책은 누구나 자신의 천직을 찾는 데
유용하게 사용할 수 있는 2가지 테스트를 제공할 것이다.
하나는 가장 널리 사용되는 성격 특성 검사에 바탕을 둔
테스트로서 각자의 성격 유형을 이해하는 데 도움을 준다.
다른 하나는 5가지의 타고난 강점을 보여줌으로써 진정한
잠재력을 발휘할 수 있는 수단을 제공한다.

냅킨노트 4 _실질적인 도움을 줘라

이 책은 하루 아침에 성공하거나 부자가 되는 비법을 알려주지
않는다. 그런 비법은 세상 어디에도 없다. 이 책은 어떤
일을 선택했든 간에 자신의 분야에서 성공하고자 노력하는
사람들에게 실질적인 도움이 되는 내용을 제공할 것이다.
어떤 성공도 결코 우연히 이루어지지 않는다. 성공은 끊임없는
노력과 헌신을 요구한다.

냅킨노트 5 _성공믿음

우리가 갖고 있는 어떤 가정이나 믿음은 우리가 하는 모든
일에 영향을 미친다. 이러한 믿음 중 몇 가지는 발목에 매어진
쇠사슬처럼 우리를 구속하기도 하지만, 우리가 성공할 수
있도록 도와주는 믿음들도 있다. 성공믿음이 바로 그것이다.
성공믿음은 성공을 끌어당기는 강력한 자석과도 같다.
그 동안 나에게 가르침을 준 성공한 인물들도 모두 성공믿음을
갖고 있었다.
이 책은 여러분이 성공믿음이라는 정신적 자석을 활성화해
성공을 끌어당길 수 있도록 해줄 것이다.

냅킨노트 6 _성공전략

우리가 성공이라는 최종 목적지에 도달하기 위해서는 성공으로
가는 길을 알려주는 지도가 있어야 한다. 성공전략이 바로 그
지도이다. 우리가 어디를 향해 가고 있으며, 어떻게 가야
하는가에 대한 해답으로서 전략을 생각해보자. 나는 군대, 정부
기관 그리고 기업에서 성공한 리더들과 함께 일하면서
그들의 성공전략을 배울 수 있었다.
나는 이 지식을 비즈니스에 적용하였고 이 책에서 4가지 단순한
전략으로 정리했다.

냅킨노트 7 _행동하라
바쁘게 살거나 바쁘게 세상을 떠라

이 책은 독자들에게 성공하는 방법에 대한 충실한 로드맵을
제공할 것이다. 하지만 실천하지 않는다면 아무 소용이 없다.
사람들은 매번 엄청난 계획을 세우고 자신이 무엇을 해야
하는지도 정확하게 알고 있다. 그런데 실천하지 않는다.
부디 꾸물거리다 꿈을 놓쳐버리는 불행한 사람이되지 마라.

냅킨이 다 떨어졌다. 그래서 눈을 감고 좀 쉬기로 했다. 나는 클라렌스의 코고는 소리에서 벗어나기 위해 영화를 보기로 했다. 손을 뻗어 헤드폰을 집으려고 하다가 그만 잭을 건드려서 볼륨이 높아졌는데, 그때 모건 프리먼의 목소리가 들렸다. 고개를 들어 스크린을 쳐다보니 아카데미상 수상작인 「쇼생크 탈출」이 상영되고 있었다. 중요한 장면이 진행되는 중이었다. 모건 프리먼이 분한 레드가 팀 로빈스가 분한 앤디 듀프레인에게 충고하는 장면이었다. 레드의 충고는 살인 누명을 쓰고 종신형을 선고받은 앤디에게 인생의 전환점을 마련하게 한다. 레드는 앤디에게 이렇게 말한다. "바쁘게 살거나 바쁘게 세상을 떠라."

앤디는 레드의 충고를 가슴 깊이 새기고 자유를 향한 꿈을 실현하기 위해 전략을 세운다. 그런 다음 매일 아무도 모르게 한발 한발 그 전략을 행동으로 옮긴다. 앤디는 성경책 속에 숨겨둘 수 있을 정도로 작은 망치를 사용하여 벽을 뚫기 시작한다. 6년에 걸쳐서 이루어낸 아주 힘겨운 작업이었다. 자유인이 될 수 있다는 가슴 떨리는 희망이 그를 감옥에서 버티게 해준 힘이었던 것이다. 마침내 탈출에 성공한 앤디는 멕시코 해안으로 향한다.

나는 마지막 냅킨에 '행동하라' 라고 쓴 문장을 지우고 '바쁘게 살거나 바쁘게 세상을 떠라' 라고 고쳐 적었다. 다시 한번 강조한다. 바쁘게 이 세상을 살아가든지 아니면 바쁘게 세상을 떠라. 선택은 바로 여러분에게 달려 있다.

성공하려면 돈이 아니라
열정을 좇아라

하와이에 도착해서 클라렌스는 동료들을 만나기 위해 회의 장소로 향했다. 나는 그토록 고대하던 파도타기를 맘껏 즐겼다. 하지만 파도타기만 한 게 아니라 그보다 더 중요한 일 한 가지를 했다. 독자들이 지금 읽고 있는 이 책을 쓰기 시작한 것이다.

우리 모두는 진정으로 성공하길 원한다. 그러면 제일 먼저 해야 할 일은 무엇일까? 바로 자신이 가장 잘할 수 있는 일을 찾는 것이다.

어떤 일에 능숙하다면 그 일을 좋아하고 즐기며 열정을 느낄 수도 있다. 성공에 이르게 하는 핵심 요소는 열정을 느낄 수 있는 일을 발견하고 그런 일을 찾기 위해 노력하는 것이다. 얼핏 생각하면 쉬운 것처럼 보인다. 그러나 안정된 생활을 위해서는 무슨 일이든지 해야 한다는 부모나 주위 사람들에게 등떠밀려 대부분의 사람들은 당장에 밥벌이를 할 수 있는 일자리를 찾는다. 그들은 자신이 별로 좋아하지 않는 일이나 심지어 아주 싫어하는 일까지도 하게 된다.

열정을 느끼거나 남보다 뛰어난 능력을 발휘했던 일을 찾은 적이 있는가? 그렇지 않다면 이 장을 계속 읽어보라. 여러분이 학생이든 직장인이든 혹은 이직이나 은퇴를 고려하고 있든, 자신이 진정으로 해야 할 일이 무엇인지를 발견하는 데 도움이 될 것이다. 일단 자신을 이해하고 진정한 잠재력을 발견한다면, 일을 하면서 행복감과 열정을 느낄 수 있기 때문에 성공에 한 발 더 가까이 다가설 수 있다. 실제로 성공한 모든 사람들은 자신이 하는 일에 매우 능숙할 뿐만 아니라 그 일을 즐긴다. 이것이 바로 성공의 원-투 콤비네이션(one-two combination)이다. 권투로 치면, 잘할 수 있는 일을 발견하는 것은 잽이고 그 일을 좋아하는 것은 어퍼컷이다. 잽, 잽, 어퍼컷. 성공의 콤비네이션을 통해 여러분은 성공에 이를 수 있다.

자신의 강점이 무엇인지를 파악하기 위해 다음에 소개하는 부록과 두 가지 검사를 받아보아야 한다. 하지만 이 검사에는 정답이 없다는 것을 우선 알아두자. 모든 검사 과정은 여러분 자신이 누구이며 타고난 성격과 재능 그리고 기호 등에 대해 알 수 있도록 돕는다. 그리고 두 가지 검사를 마치고 나면 특정한 환경에서 여러분이 어떻게 반응하고 행동하려고 하는지를 쉽게 이해할 수 있을 것이다. 다시 한번 말해두지만 이 검사에는 정답이 없다. 검사 결과는 자신도 깨닫지 못하고 있을 수 있는 재능과 기호의 반영이다.

나는 어떤 성격인가?

사람들은 저마다 다양하고 독특한 성격을 갖고 있다. 어떤 사람은 대단히 사교적이고 외향적인 성격인 반면, 또 어떤 사람은 너무 조용하고 내성적이다. 자신만의 독특한 성격을 쉽고 빠르게 찾아내어 어느 측면을 개선시키기 위한 한 가지 방법은 온라인 자기 진단 퀴즈를 풀어보는 것이다.

Emode 성격 테스트

www.emode.com은 온라인 자기 평가 테스트 분야에서 단연 선두주자인데, 데이터베이스에 600만 가지 테스트와 16억 가지 테스트 답안을 보유하고 있다. 웹사이트에서 100여 가지 평가 테스트를 무료로 이용할 수 있고, 이용자의 필요에 따라 테스트 결과를 종합적으로 분석해놓은 10~15장 분량의 자료를 구입할 수도 있다.

1999년 설립 이래 놀라운 성공을 거두어온 Emode는 2002년도에 웨비 어워드(Webby Award)에서 '떠오르는 스타' 기업으로 선정되었다. 영화계의 아카데미상과 비교할 만한 이 상을 수상한 것은 온라인상의 성과에 대한 국제적인 인정이라고 평가할 수 있다.

조사에 따르면, 자신의 근무 환경에 잘 적응하는 사람이 더 행복한 삶을 살아가고 성공할 가능성도 높다는 사실이 밝혀졌다. 실제로 자신의 성격을 파악할 수 있다는 것이 대단하지 않은가? 여러분도 충분히 그럴 수 있다.

인간의 성격은 아주 복잡해서 그것을 범주화하기는 쉽지 않지만 일반적인 '성격 유형'은 존재한다. 성격 유형을 정의함으로써 얻을 수 있는 장점 중 하나는 개인의 행동 유형을 알면 미래의 행동을 예측할 수 있다는 것이다.

성격 테스트의 역사

기원전 5세기 초, 그리스의 철학자이자 의사였던 히포크라테스는 인류 역사상 처음으로 성격 모델을 만들었다. 히포크라테스는 개인이 갖고 있는 유체의 양에 따라서 성격을 4가지 유형으로 분류했다. 그리스 출신의 의사인 갈렌은 히포크라테스의 이론을 자세히 설명하면서, 인간의 신체에 혈액의 양이 많을수록 명랑하고 활기 있고 자신감 넘치는 사람이 된다고 믿었다. 그리고 점액이 많으면 무관심하고 느릿느릿한 성격으로 변하며, 검은색 담즙이 많으면 우울한 성격으로, 황색 담즙이 많으면 과격하고 난폭한 성격이 된다고 생각했다.

이후 독일의 철학자 임마누엘 칸트는 감정과 행동을 기본 개념으로 하여 4가지 성격 유형을 일반화했다. 칸트에 따르면, 우울함은 약한 감정을 반영하고 자신감은 강한 감정을 반영한다. 또한 무관심은 나약한 활동을 나타내며 과격함은 강한 활동을 나타낸다.

이러한 4가지 기본적인 기질의 개념은 19~20세기에 제기된 수많은 행동 이론(Behavioral Theories)의 근거가 되었다. 이 주제에 가장 크게 기여한 사람은 스위스의 심리학자 칼 융이다. 1922년에 칼 융은 자신의 책에서 감각, 직관, 사고, 감정이라는 정신 기능의 4가지 범주를 소개했다. 당시에는 지그문트 프로이트와 B.F. 스키너 등이 전개한 정신분석 이론에 열광하는 분위기였기 때문에 4가지 성격 유형에 대한 융의 개념들은 거의 세상에 알려지지 않았다.

그러나 1950년대에 이사벨 마이어와 그녀의 딸인 캐서린 브릭스가 융의 개념을 다시 부활시켰다. 마이어와 브릭스는 융의 성격 유형에 근거하여 인간의 행동 패턴을 구분하기 위한 16가지 유형 지표를 고안해냈다. 마이어브릭스 유형 지표(MBTI)는 인간의 성격을 여러 유형으로 구분하는 도구이며, 이 도구를 통해 전세계인들에게 융의 심리학적 유형이 소개되었다. 해마다 미국에서는 3백만 회 이상의 마이어브릭스 유형 지표 검사가 실시되고 있다.

현대적 성격 테스트

널리 사용되고 있는 MBTI 성격 테스트 외에도 유명한 이론과 테스트 방법들이 많이 있다. 케이지 기질 분류법(Keirsey Temperament Sorter)은 데이비드 케이지가 1978년에 출간한 책 『나를 이해해주세요』에서 소개된 검사 방법이다. 케이지 기질 분류법은 4가지 영역과 16가지 범주를 이용한다는 점에서 MBTI와 유사하지만, 그보다는 더 복잡한 성격 평가 시스템으로 되어 있다.

비록 완벽하지는 않더라도 성격 테스트는 자기 자신을 이해하고 세상과 더 좋은 관계를 유지하도록 도와준다. 그리고 자신의 존재 이유와 존재 방식을 이해하는 데에도 많은 도움이 된다. 성격 테스트를 이용하여 다른 사람을 이해하고 인간관계를 개선할 수 있을 뿐만 아니라 업무 관계와 직업 선택을 용이하게 할 수도 있다.

Emode 성격 테스트의
과학적 기초

Emode와 성격 테스트 팀의 연구원들은 재미있으면서도 과학적인 테스트 방식을 만들고 싶어했다.

이 장의 마지막에 부록으로 제시되는 성격 테스트는 성격과 관련된 수천 가지 특징들을 조사한 광범위한 연구에서 추출해낸 50가지 질문으로 구성되어 있다.

Emode 성격 테스트는 성격의 주요 요소이자 근본 영역을 정확하게 측정한다. 그 테스트 결과는 여러분의 성격이 어떤 유형이며, 여러분의 성격 유형이 다양한 상황들에 어떻게 반응하는지 알려줄 것이다.

이 장의 부록에 Emode 성격 테스트의 질문지를 소개해놓았다. 질문에 답해보고 나서, 필요하다면 Emode 사이트에 들어가 테스트를 받아보라. 테스트가 끝나면 자신의 성격 유형에 대한 10~15페이지 분량의 분석 결과를 바로 받아볼 수 있다. Emode 사이트에는 수백 가지 종류의 테스트가 있고, 모두 그 결과를 즉시 알 수 있다.

기억해야 할 것이 하나 있다. 테스트에서 얻은 점수가 바로 현재 자신의 위치를 나타내는 지표라는 것이다. 사람에게는 누구나 자기 스스로를 개선하고 변화시킬 만한 능력이 있다. Emode는 이러한 능력을 개발할 수 있도록 도와준다. 여러분이 온라인 테스트를 받으면 Emode의 전문가들이 여러분의 잠재능력을 충분히 실현할 수 있도록 각 항목별로 행동 단계를 제공해줄 것이다.

테스트를 받고 난 후 인생이 달라지다

수년 전에 나는 MBTI(마이어브릭스 유형 지표) 테스트를 받았다. 당시 내가 얻은 광범위한 테스트 결과는 직업을 결정하는 데 많은 도움을 주었고 나의 미래에 중요한 영향을 미쳤다. 그 시점은 1994년 7월 컬럼비아 법과대학원을 막 졸업하고 법조인의 길에 첫발을 내디디려고 할 때였다. 그런데 나는 뭔가 잘못되고 있다는 느낌이 들었다.

법과대학원에서의 성취 결과만을 놓고 본다면 나는 전도유망한 법률가가 되었을 것이다. 당시 나는 플로리다 남부지구 연방판사의 서기로 임명된 상태였다. 이삿짐은 이미 꾸려져 있었고 2주 후에는 아내와 태어난 지 두 달밖에 안 된 딸과 함께 뉴욕에서 플로리다로 떠날 예정이었다. 하지만 갑자기 대출받은 학자금 7만 달러를 어떻게 갚을지 막막한 생각이 들었다. 나는 인생의 방향을 바꾸기로 결심했다. 연방판사 서기로서 일을 시작하는 것이 흥분되기도 했지만, 한편으론 그것이 옳은 결정인지 불안감이 있었다.

당시에 모든 사람들이 나에 대해 흡족해 했다. 부모님께서는 나를 아주 대견스럽게 생각하셨고 아내도 기대에 부풀어 올랐다. 그러나 겉으로 보이는 모두의 들뜬 분위기와는 달리, 내 마음속에서는 만감이 교차했다. 자신을 돌이켜보건대, 나는 분명 훌륭한 변호사가 될 수 있는 충분한 자격을 갖추었지만 그 일에 대한 열정은 아직 미흡했다. 나는 그때 마이어브릭스 평가 결과가 떠올랐다. 그리고 리더십 능력을 키우기 위해 여러 가지 일에 도전하면서 행복을 느꼈던 공군사관학교 시절을 생각했다. 뿐만 아니라 법과대학원에 다니는 동안 작은 사업을 하면서 얼마나 즐거웠던가를 생각했다.

　이 모든 사항을 검토하고 MBTI 테스트를 다시 확인해본 후에 나는 알았다. 내 능력과 행복 그리고 성공에 대한 모든 데이터는 리더십과 기업경영에 맞춰져 있었고, 내 성격의 이런 측면들은 법률 관련 직업에 적합하지 않았다. 내가 과연 좋은 변호사가 될 수 있을까? 아마 그럴 것이다. 하지만 좋은 변호사가 되는 것과 성공한 변호사가 되는 것은 아주 다른 문제이다. 나는 내가 변호사 일을 하면서 항상 열정을 느낄 것이라고 생각하진 않기 때문이다. 내 본래의 성격과 능력은 법조인이 되기에는 적합하지 않았다. MBTI 테스트는 내가 예정된 법원 서기 일을 그만두고 내 본성에 적합한 방향으로 삶을 다시 시작해야 한다는 것을 확실히 증명했던 것이다.

법조인의 길을 버리고 비스니스 세계에 뛰어들다

나는 사업을 하기로 결심하고는 가족들에게 앞으로 어떻게 하면 좋을지 의논했다. 장인 세이머 홀츠먼은 사업을 하고 싶다면 연방판사 밑에서 서기를 하려고 했던 것처럼 몇 년 동안 자신의 회사에서 일을 배우는 게 어떻겠냐고 제의했다. 결국 나는 자수성가한 사업가인 장인으로부터 많은 것을 배우게 되었다. 그는 유명한 몇몇 상장기업을 포함해서 성공적인 기업을 많이 설립하고 운영했던 인물이다. 만일 아무런 도움 없이 나 혼자의 힘으로 사업에 뛰어들겠다고 생각했다면, 오늘과 같은 상황은 꿈도 꾸지 못했을 것이다.

　나의 경험은 자신의 성격과 능력을 제대로 이해하고서 결정을 내렸을 때 인생이 어떻게 바뀌는지를 보여주는 좋은 사례이다. 내가 사업가의 길을 선택하지 않았다면, 장인 밑에서 일을 배울 기회는 절대로 없었을 것이고, 스털링 파이낸셜 그룹과 같은 회사와도 인연이 없었을 것이다. 물론 이 책도 쓰지 못했을 것이다.

강점을 찾아라

다음으로 소개할 테스트는 『위대한 나의 발견-강점 혁명』의 저자인 마커스 버킹엄과 도널드 클리프턴이 개발한 것이다. 그들은 이 책에서 사람들이 자신의 능력을 확인하고 그것을 강점으로 만들어 지속적인 성공으로 나아갈 수 있도록 도와주는 혁신적인 프로그램을 소개한다. 스털링 파이낸셜 그룹에서 우리는 그들의 혁신적인 아이디어를 채택하고 적용하여 기업문화를 완전히 바꾸어놓았다. 그와 동시에 우리 회사는 한 단계 도약을 했다. 그들의 책과 테스트는 갤럽에서 25년간 수백만 달러를 들인 결과물로, 전세계의 다양한 직업을 가진 사람들에 대한 2백만 건 이상의 심리학적 프로파일에 기초하고 있다. 성공한 수많은 사람들을 인터뷰한 후에 저자들은 특정한 개인과 직업에서 우세하게 나타나는 특징적인 성격 유형을 구분했고, 여러분이나 나처럼 사람들이 자신의 능력을 발견하고 분석할 수 있도록 도와주기 위해 지표를 개발했다.

　안타깝게도 학교와 기업에서는, 성공하려면 약점을 파악해 개선하라고 말한다. 클리프턴과 버킹엄은 이러한 충고가 의도는 훌륭하지만 잘못된 것이라고 믿었다. 자신이 선택한 분야에서 최고의 성과를 거두려면 약점보다는 강점을 개발하는 것이 무엇보다 필요하다. 고등학교 시절 다섯 과목에서 A학점을 받고 기하학에서는 D학점을 받았던 기억이 난다. 나는 기하학에서 평균 점수를 따라가기 위해 6개월을 소비했다. 반면에 타이거 우즈와 마이클 조던 같은 운동선수들은 자신들의 강점을 발견하고 갈고닦는 데 최선의 노력을 다하여 슈퍼스타가 되었다.

이제 약점에 대한 관심은 잠시 접어두고 강점에 초점을 맞추도록 하자. 『위대한 나의 발견―강점 혁명』을 구매하면 뒤표지에 ID코드가 있어 저자의 웹사이트 www.strengthfinder.com에 접속해 서비스를 이용할 수 있다. 약 45분 정도 소요되는 인터넷 인터뷰를 마치면 자신의 강점 5가지를 알게 될 것이다. 규율(Discipline), 활동가(Activator), 공감(Empathy), 활력(Restorative), 자기 확신(Self-Assurance) 등과 같은 34가지 강점 중에서 자신의 강점을 파악하게 되면, 이 책은 개인적 발전, 관리자로서의 성공, 조직의 성공이라는 3가지 차원에서 뛰어난 성과를 얻기 위해 그 강점들을 어떻게 활용해야 하는지를 보여준다. 나도 테스트를 받았는데 경쟁(Competition), 성취자(Achiever), 활동가(Activator), 전략적(Strategic), 초점(Focus)이라는 5가지 강점을 발견할 수 있었다.

이 테스트 결과는 개인의 성격에 대한 상세한 분석 결과를 제공할 뿐만 아니라 34가지의 각기 다른 강점을 지닌 사람들을 어떻게 관리해야 하는지도 알려준다. 우리 회사에서 발견한 사실은, 많은 직원들이 자신의 강점이 무엇인지도 모르는 채 능숙하지 않은 일을 수행하고 있다는 것이었다. 이러한 사실은 갤럽의 조사 결과와도 일치한다.

갤럽은 63개국 101개 기업에서 170만 명이 넘는 사람들을 대상으로 다음과 같은 질문을 했다. "당신은 지금 당신이 가장 잘하는 일을 하고 있다고 생각하십니까?"

유감스럽게도 응답자의 20퍼센트만이 매일 자신들이 가장 잘하는 일을 하고 있다고 대답했다. 한 가지 놀라운 사실은, 더 높이 승진할수록 개인의 강점을 충분히 발휘하지 못하고 있다는 점이다. 대부분의 회사에서 직원들이 갖고 있는 능력의 20퍼센트만을 활용할 뿐이라는 사실을 알았을 때, 나는 이것을 커다란 기회라고 생각했다. 만일 60퍼센트의 직원들로 하여금 매일 각자의 강점을 발휘하도록 할 수만 있다면 회사의 생산성을 지금보다 3배 정도 향상시킬 수 있을 것이다.

이러한 조사 결과에 기초해, 스털링 파이낸셜 그룹은 직원들에 대한 사고방식을 완전히 새롭게 바꾸었으며 직원들을 가장 중요한 자산으로 인식하게 되었다. 이제 우리는 직원들이 약간의 훈련만 받으면 어떤 직책이든 잘 수행할 수 있다고 생각하기보다는 직원 각자가 갖고 있는 독특한 재능들을 분석했다. 그리하여 직원들의 성장이 바로 각자의 강점에서 비롯된다는 사실을 깨달았다. 한편으로는 대부분의 직원들과 중견 관리자들이 자신의 강점과 맞지 않는 일을 수행하고 있다는 사실을 발견했다. 따라서 우리는 각각의 직원들이 갖고 있는 강점들을 제대로 발휘할 수 있도록 체제를 재정비해야만 했다.

여러분은 자신의 숨겨진 강점을 발견하고 그것을 발판으로 성공을 성취하기 위해 『위대한 나의 발견-강점 혁명』에서 논의한 스트렝스파인더 프로파일(Strength Finder Profile)과 Emode 성격 테스트 결과를 활용할 수 있다.

Emode 성격 테스트
진정한 당신을 파악하라

1. 나는 내가 아는 누구보다도 낭만적이다.

   □ 전적으로 동의함
   □ 동의함
   □ 동의하지 않음
   □ 전혀 동의하지 않음

2. 나는 원대한 목표가 있으며 그 목표를 달성하기 위해 열심히 노력한다.

   □ 전적으로 동의함
   □ 동의함
   □ 동의하지 않음
   □ 전혀 동의하지 않음

3. 나는 동료가 누군가의 뒷조사를 하는 것을 보면 화가 난다.

   □ 전적으로 동의함
   □ 동의함
   □ 동의하지 않음
   □ 전혀 동의하지 않음

4. 나는 약간의 현실적 사고가 필요한 상황을 좋아한다.

　□ 전적으로 동의함
　□ 동의함
　□ 동의하지 않음
　□ 전혀 동의하지 않음

5. 나는 정부가 모든 일을 잘하고 있다고 생각한다.

　□ 전적으로 동의함
　□ 동의함
　□ 동의하지 않음
　□ 전혀 동의하지 않음

6. 나는 활력이 넘치는 사람이다.

　□ 전적으로 동의함
　□ 동의함
　□ 동의하지 않음
　□ 전혀 동의하지 않음

7. 나는 친구들과 함께 있을 때 가장 행복하다.

　□ 전적으로 동의함
　□ 동의함
　□ 동의하지 않음
　□ 전혀 동의하지 않음

8. 다른 사람에게 매력 있게 보이는 것은 내게 아주 중요하다.

　□ 전적으로 동의함

☐ 동의함

☐ 동의하지 않음

☐ 전혀 동의하지 않음

9. 나는 친구나 가족들과 친밀한 관계를 유지하고 있다.

☐ 전적으로 동의함

☐ 동의함

☐ 동의하지 않음

☐ 전혀 동의하지 않음

10. 나 자신에 대해 긍정적이다.

☐ 전적으로 동의함

☐ 동의함

☐ 동의하지 않음

☐ 전혀 동의하지 않음

11. 두 사람이 사랑할 때 무엇보다 중요한 것은 섹스이다.

☐ 전적으로 동의함

☐ 동의함

☐ 동의하지 않음

☐ 전혀 동의하지 않음

12. 나는 의무를 저버리는 경향이 있다.

☐ 전적으로 동의함

☐ 동의함

☐ 동의하지 않음

☐ 전혀 동의하지 않음

13. 나는 대인관계를 매우 중요하게 생각한다.

    ☐ 전적으로 동의함
    ☐ 동의함
    ☐ 동의하지 않음
    ☐ 전혀 동의하지 않음

14. 나는 사람들이 보지 않으면 아무 데서나 코를 후빈다.

    ☐ 전적으로 동의함
    ☐ 동의함
    ☐ 동의하지 않음
    ☐ 전혀 동의하지 않음

15. 나는 예측하지 못한 상황에서 벌어지는 일을 즐긴다.

    ☐ 전적으로 동의함
    ☐ 동의함
    ☐ 동의하지 않음
    ☐ 전혀 동의하지 않음

16. 일은 내 삶에서 가장 중요한 부분이 아니다.

    ☐ 전적으로 동의함
    ☐ 동의함
    ☐ 동의하지 않음
    ☐ 전혀 동의하지 않음

17. 변함 없는 일상이 나의 삶을 더욱 즐겁게 한다.

□ 전적으로 동의함
□ 동의함
□ 동의하지 않음
□ 전혀 동의하지 않음

18. 나의 실제 모습을 감추기 위해 가끔씩 겉치장을 한다.

□ 전적으로 동의함
□ 동의함
□ 동의하지 않음
□ 전혀 동의하지 않음

19. 나는 다른 사람들에게 친절한 편이다.

□ 전적으로 동의함
□ 동의함
□ 동의하지 않음
□ 전혀 동의하지 않음

20. 나는 분위기가 어수선하면 짜증이 난다.

□ 전적으로 동의함
□ 동의함
□ 동의하지 않음
□ 전혀 동의하지 않음

21. 나는 값비싼 물건을 갖고 있는 사람들을 부러워한다.

□ 전적으로 동의함

☐ 동의함

☐ 동의하지 않음

☐ 전혀 동의하지 않음

22. 나는 만나는 사람들 대부분을 좋아한다.

☐ 전적으로 동의함

☐ 동의함

☐ 동의하지 않음

☐ 전혀 동의하지 않음

23. 나는 항상 좋은 인상을 주는 것이 중요하다고 생각한다.

☐ 전적으로 동의함

☐ 동의함

☐ 동의하지 않음

☐ 전혀 동의하지 않음

24. 나는 질투심이 강한 편이다.

☐ 전적으로 동의함

☐ 동의함

☐ 동의하지 않음

☐ 전혀 동의하지 않음

25. 나는 모든 것에 대하여 나름의 의견을 갖고 있다.

☐ 전적으로 동의함

☐ 동의함

☐ 동의하지 않음

□ 전혀 동의하지 않음

26. 사람들은 내가 매우 자발적이라고 생각한다.

　　□ 전적으로 동의함
　　□ 동의함
　　□ 동의하지 않음
　　□ 전혀 동의하지 않음

27. 내 재산이 인생에서의 성공을 대변한다.

　　□ 전적으로 동의함
　　□ 동의함
　　□ 동의하지 않음
　　□ 전혀 동의하지 않음

28. 나는 지적인 대화를 즐긴다.

　　□ 전적으로 동의함
　　□ 동의함
　　□ 동의하지 않음
　　□ 전혀 동의하지 않음

29. 나는 긴장을 잘 한다.

　　□ 전적으로 동의함
　　□ 동의함
　　□ 동의하지 않음
　　□ 전혀 동의하지 않음

30. 나는 지금 이대로의 내 모습에 만족한다.

　　□ 전적으로 동의함

　　□ 동의함

　　□ 동의하지 않음

　　□ 전혀 동의하지 않음

31. 나는 변덕이 심한 사람을 싫어한다.

　　□ 전적으로 동의함

　　□ 동의함

　　□ 동의하지 않음

　　□ 전혀 동의하지 않음

32. 나는 마음이 여리다.

　　□ 전적으로 동의함

　　□ 동의함

　　□ 동의하지 않음

　　□ 전혀 동의하지 않음

33. 나는 새로운 상황에 대처하는 것을 좋아한다.

　　□ 전적으로 동의함

　　□ 동의함

　　□ 동의하지 않음

　　□ 전혀 동의하지 않음

34. 내 삶은 늘 가까운 사람들 주변을 맴돈다.

　　□ 전적으로 동의함

☐ 동의함

☐ 동의하지 않음

☐ 전혀 동의하지 않음

35. 나는 돈이 많으면 많을수록 더 행복해질 것이다.

☐ 전적으로 동의함

☐ 동의함

☐ 동의하지 않음

☐ 전혀 동의하지 않음

36. 나는 일이 너무 많아지면 짜증이 난다.

☐ 전적으로 동의함

☐ 동의함

☐ 동의하지 않음

☐ 전혀 동의하지 않음

37. 나는 다른 사람들과 협동하는 데서 따뜻한 느낌을 받는다.

☐ 전적으로 동의함

☐ 동의함

☐ 동의하지 않음

☐ 전혀 동의하지 않음

38. 나는 경쟁을 즐긴다.

☐ 전적으로 동의함

☐ 동의함

☐ 동의하지 않음

☐ 전혀 동의하지 않음

39. 나는 가까운 사람들과 잘 통한다.

☐ 전적으로 동의함
☐ 동의함
☐ 동의하지 않음
☐ 전혀 동의하지 않음

40. 나는 근심걱정이 많은 사람이다.

☐ 전적으로 동의함
☐ 동의함
☐ 동의하지 않음
☐ 전혀 동의하지 않음

41. 나는 충동적으로 뭔가를 하는 것을 좋아한다.

☐ 전적으로 동의함
☐ 동의함
☐ 동의하지 않음
☐ 전혀 동의하지 않음

42. 친구들보다 내가 더 크게 성공해야 한다고 생각한다.

☐ 전적으로 동의함
☐ 동의함
☐ 동의하지 않음
☐ 전혀 동의하지 않음

43. 나는 시간을 낭비하는 편이다.

□ 전적으로 동의함
□ 동의함
□ 동의하지 않음
□ 전혀 동의하지 않음

44. 나는 추상적인 생각을 좋아하지 않는다.

□ 전적으로 동의함
□ 동의함
□ 동의하지 않음
□ 전혀 동의하지 않음

45. 다른 사람들보다 한 발 앞서가는 것이 중요하다.

□ 전적으로 동의함
□ 동의함
□ 동의하지 않음
□ 전혀 동의하지 않음

46. 대체로 나 자신에게 만족한다.

□ 전적으로 동의함
□ 동의함
□ 동의하지 않음
□ 전혀 동의하지 않음

47. 다른 사람에게 좋은 인상을 주기 위해 노력한다.

□ 전적으로 동의함

☐ 동의함

☐ 동의하지 않음

☐ 전혀 동의하지 않음

48. 성공하기 위해서라면 일주일 동안 하루 24시간 내내 쉬지 않고 일할 수도 있다.

☐ 전적으로 동의함

☐ 동의함

☐ 동의하지 않음

☐ 전혀 동의하지 않음

49. 가끔씩 자신이 쓸모 없는 존재라고 느껴질 때가 있다.

☐ 전적으로 동의함

☐ 동의함

☐ 동의하지 않음

☐ 전혀 동의하지 않음

50. 나는 내 인생이 지적인 도전으로 가득 차기를 원한다.

☐ 전적으로 동의함

☐ 동의함

☐ 동의하지 않음

☐ 전혀 동의하지 않음

● www.emode.com에 들어가서 위의 50가지 질문 항목을 체크하면 당신의 성격 테스트에 관한 자료를 받아볼 수 있다(유료).

성공믿음을 작동시켜라

passion, endurance, action

goal, belief, success code

goal, belief, success code

올리비아의 마법 팔찌

플라시보의 연구 결과를 살펴보면 정신의 힘을 분명하게 확인할 수 있다. 플라시보 효과(placebo effect)란 의사가 진짜 알약처럼 보이는 설탕으로 만든 가짜 약을 처방했을지라도 환자가 효과가 있을 것이라고 믿고 복용했을 때 상태가 호전되는 현상을 말한다. 플라시보 효과는 의사의 처방에 대한 확신이 정신의 차원을 넘어 신체에 영향을 미친 것이라고 할 수 있다. 처방약이 병을 낫게 해줄 것이라는 말을 의사로부터 들었기 때문에 환자는 그 약을 먹으면 병이 낫는다고 믿게 되고, 결국 환자의 병세는 호전된다. 환자는 자신의 병세가 나아지고 있다고 생각하지 않을 수도 있다. 하지만 객관적인 여러 실험 결과에 의하면 병세가 실제로 호전된다는 사실이 입증되었다.

마법의 팔찌

얼마전 딸아이가 학교에서 친구를 사귀는 데 어려움을 겪은 적이 있었다. 어느 날 저녁식사를 마친 후 딸아이를 서재로 데리고 가서 안락의자에 앉혔다.

"올리비아!"

딸아이는 호기심 어린 눈으로 나를 물끄러미 쳐다보았다.

"요즘 학교에서 친구들과 잘 어울리지 못한다면서? 아빠가 도와줄 수 있는데……."

"정말이에요, 아빠?"

올리비아는 희망 섞인 목소리로 말했다.

나는 호주머니에서 작은 상자를 꺼낸 다음 딸아이를 바라보았다. 나를 바라보는 올리비아의 얼굴에 호기심이 가득했다.

"올리비아, 이걸 받으렴."

딸아이는 예쁘장한 은팔찌를 상자에서 꺼내면서 기뻐했다.

"와! 아빠, 고마워요."

그런데 선물을 살펴보던 딸아이가 나를 올려다보았다.

"아빠, 이게 어떻게 날 도와준다는 거예요?"

나는 딸아이의 손목에 팔찌를 채워주면서 말했다.

"올리비아, 이 팔찌는 마법의 팔찌란다. 친구들을 만나면 그애의 눈을 바라보면서 마음속으로 주문을 외워보렴. '너를 사랑해!' 하고 말이야. 그럼 이 팔찌가 도와줄 거야."

"알았어요, 아빠. 내일 학교에 가서 그렇게 해볼게요. 아빠, 이 팔찌 차고 자도 되죠?"

"물론이지."

나는 딸아이를 꼭 안아주었다. 올리비아는 엄마에게 팔찌를 보여준다면서 사라졌다.

다음날 퇴근을 해서 막 현관문에 들어서는데 올리비아가 기쁜 표정으로 달려왔다. 나는 딸아이를 안아주려고 몸을 숙였다.

"우리 예쁜 공주님."

팔찌가 정말 마법을 부렸을까? 애가 무슨 말을 할까 마음이 조마조마했다. 부모들은 다 알겠지만, 아이들의 입에서 무슨 말이 튀어나올지는 도무지 감을 잡을 수가 없다.

"오늘 학교에서 날 별로 좋아하지 않던 여자애 두 명이랑 남자애 하나랑 인사했어요!"

"그게 정말이니?"

"네. 우린 이제 친구가 됐어요."

"그것 참 잘 됐구나. 그 팔찌가 마법을 부렸네, 그렇지?"

"맞아요."

나는 딸아이를 안고 거실을 지나 부엌에 있는 아내에게로 갔다.

"여보, 올리비아가 오늘 친구 세 명을 사귀었다는데, 알고 있어?"

나는 딸아이를 내려놓고 아내에게 키스하면서 말했다.

"아빠, 내일도 팔찌 끼고 학교 가도 되죠?"

"물론이지."

하지만 그 팔찌는 이틀 동안만 마법을 부릴 수 있을 뿐이고 모레부터는 마법이 필찌에서 떠나 몸 안으로 들어간다고 말해주었다. 올리비아는 두 눈을 크게 뜨고 나를 쳐다보았다.

"정말 내 몸 안으로 들어와요?"

올리비아는 다음날도 어제처럼 친구 두 명을 사귀었다고 이야기해주었다. 딸애가 나에게 팔찌를 건네줄 때 나는 말했다. "그 팔찌를 내게 준 분에게 다시 돌려줘야 해. 그래야 마법이 필요한 다른 아이들에게 그분이 그 팔찌를 줄 수 있으니까."

마법은 내 안에 있다

올리비아는 팔찌에 마법이 깃들어 있다고 생각했다. 그리고 그 생각이 딸아이의 삶을 새롭게 바꿔놓았다. 팔찌는 딸아이에게 아이들과 대화를 나누고 새 친구를 사귀는 데 필요한 자신감을 심어주었다. 이제 올리비아는 자기 안에 마법의 힘이 숨어 있다는 것을 믿기 때문에 항상 자신감을 갖고 사람들을 대하게 될 것이다.

마법은 단지 은팔찌에만 깃들어 있는 것이 아니라 우리의 꿈을 써 내려가는 종이와 펜에 깃들었을 수도 있다. 마법은 잠재되어 있는 마음의 힘을 활성화시키는 역할을 한다.

다음은 딸아이가 다니는 학교의 육성회에서 만났던 한 남자의 이야기이다.

의학계의 '록키'

"난 스타가 되고 싶었어요." 찰스 D. 켈먼의 말이다. 네 살 무렵부터 어른들이 지켜보는 앞에서 재롱을 부리며 켈먼은 스타의 꿈을 키웠다. 어른들은 그의 재롱을 보면서 즐거워했고 그도 그런 어른들을 보는 것이 좋았다.

십대가 된 켈먼은 스타의 꿈을 실현하기 위해 노래, 색소폰, 개그 연습을 열심히 했다. 켈먼의 실력은 나날이 늘어 아버지가 연주를 부탁할 정도였다. 열여섯 살이 되던 해에 켈먼은 지하실 연습장에서 10년 동안 갈고닦은 색소폰 연주 실력을 가족들 앞에서 유감없이 발휘했다. 연주가 끝난 뒤에 아버지가 이렇게 물었다. "켈먼, 넌 네가 지미 도시보다 연주를 잘한다고 생각하니?"

켈먼은 지미 도시가 자신이 연주한 그 곡을 연주한 적이 없다고 대답했다. 하지만 잠시 생각해본 후에, 만일 지미 도시가 그 곡을 연주했었다면 자기보다 훨씬 더 잘했을 거라고 솔직하게 말했다. 아버지의 질문은 소년의 인생을 바꿔놓았으며 이후 그는 의학계에 큰 변화를 일으키는 인물이 된다.

켈먼은 어렸을 적부터 창조적인 능력이 뛰어났고 예술과 발명에도 재능이 있었다. 켈먼의 아버지는 아들이 어떤 재능을 가졌는지 알고 있었으며 많은 사람들을 위해 그 재능이 쓰여져야 한다고 생각했다. 그리고 아들이 최선을 다해 열정을 추구한다면 음악뿐만 아니라 다른 어떤 분야에서도 세계를 위해 공헌하거나 위대한 업적을 남길 수 있을 것이라고 확신했다.

"찰스." 켈먼의 아버지가 말했다. "네 인생은 네 거야. 네가 좋아하는 거라면 뭐든지 할 수 있어. 작곡가나 가수가 될 수도 있고 색소폰 연주자도 될 수 있어. 하지만 먼저 의사가 되도록 하렴."

켈먼은 아버지의 뜻을 따랐다. "그 당시엔 다들 아버지의 말씀을 따랐거든요." 그런데 불행하게도 고등학교 시절 그의 학업 성적이 그다지 좋지 않았다. 교장 선생님은 대학 진학을 포기하고 대신 직업학교에 들어가라고 권유했다. 켈먼이 교장 선생님에게 의사가 되고 싶다고 말했을 때 그는 어림없다는 반응을 보였다. 하지만 켈먼은 교장 선생님의 추천장 없이도 대학에 들어갈 수 있었고, 그 후 열심히 공부하여 스위스 제네바 대학에서 의사 자격증을 취득했다. 의학 공부를 하면서도 켈먼은 음악가, 작곡가, 연예인이 되겠다는 꿈을 포기하지 않았다.

의대에 다니면서 켈먼은 술집이나 나이트클럽에서 색소폰 연주를 계속했다. 그는 아버지의 바람을 저버리지 않으면서 동시에 자신의 꿈을 지켜 나갔던 것이다. 그는 낮에는 의대생으로 공부에 전념했고, 밤에는 재즈 바에서 연주를 하면서 많은 음악가들과 친분을 쌓았다.

그런데 시간이 지날수록 켈먼의 고민은 점점 깊어만 갔다. 학업 성적과 연주 실력이 모두 뛰어났기 때문에 앞으로 의사가 되느냐 음악가가 되느냐 하는 문제를 놓고 끊임없이 저울질을 해야만 했기 때문이다.

켈먼은 스위스에서 의대 과정을 마친 후 미국으로 돌아왔다. 그때까지도 색소폰 연주자가 되고 싶다는 열정은 조금도 식지 않았다. 음악은 그의 삶에서 윤활유 역할을 했다. 만약 음악이 없었다면 그는 안과 전문의가 되지 않았을지도 모른다. 켈먼은 의사로서의 자신의 생활을 돌아보며 이렇게 말했다. "처음 10년 동안은 내가 의사 노릇을 하는 음악가였는지, 악기를 연주하는 의사였는지 잘 구분이 가지 않을 정도였어요."

켈먼 박사가 이룩한 성공의 핵심은 목표를 분명히 세우고 그 목표를 이루기 위해 끊임없이 인내하고 노력했다는 것이다. 켈먼은 「It Works」

라는 책을 읽고 나서 자신의 삶이 바뀌었다고 말한다. 이 책의 저자는 알려져 있지 않지만 100만 부 이상이 팔린 베스트셀러이다. 28페이지에 불과한 이 얇은 책은 자신의 인생에서 이루고 싶은 꿈을 적은 다음 최소한 하루에 세 번씩 읽으면서 곰곰이 생각해보는 것이 중요하다고 설명한다.

켈먼은 책에 나온 원칙에 따라 40가지 목표를 적은 다음, 자신이 정말로 중요하다고 여기는 것에 초점을 맞추기 위해 가장 소중한 꿈 10가지를 선정했다. 그는 다음과 같이 설명했다. "자신이 원하는 것을 정확히 알고서 하루에 세 번 정도 거기에 집중한다면, 잠재된 마음의 힘이 활성화되어 아무리 큰 목표라도 달성할 수 있도록 도와줄 겁니다." 켈먼이 그에 대한 완벽한 예이다. "나는 내가 원하는 것들을 모두 이루었습니다." 그의 목표는 다음과 같은 것들이었다. 중요한 의학적 발견을 통해 국제적으로 인정받는 것, 사랑하는 사람과 결혼하여 행복한 가정을 이루는 것, 사회에 공헌하는 것, 최상의 건강을 유지하고 항상 재미있게 사는 것, 음악적으로 성공하는 것, 재정적 안정을 이루는 것 등등. 영화 「록키」의 주인공 실베스터 스탤론처럼 자신의 목표를 매일매일 다짐하는 것은 정신의 날을 세우고 의지를 더욱 굳건히 다질 수 있다. 물론 이렇게 되기 위해서는 엄청난 인내와 노력이 뒤따라야 한다.

2년여 동안 책에 나온 원칙대로 실천한 결과, 1962년에 켈먼 박사는 안구 내의 백내장을 추출하는 냉각 장비인 크료프로브(Cryoprobe)를 고안해내는 데 성공했다. 그가 개발한 백내장 제거법은 세계적으로 널리 알려져서 지금까지 널리 사용되고 있다. 이후 그는 훌륭한 의학적 업적을 쌓아 많은 상을 수상했는데, 그 중에는 소아마비 백신을 개발한 요

나스 소크와 현대 심혈관 수술의 아버지로 불리는 마이클 드베이키가 수상했던 아메리카 어치브먼트상(the America Achievement Award)도 포함되어 있다. 켈먼은 또한 수정체 유화술을 개발하여 뉴욕 특허 및 저작권법 협회로부터 '올해의 발명가상'을 수상했고, 조지 부시 대통령으로부터 국가기술훈장을 받기도 했다. 켈먼의 자서전 『Through My Eyes』는 집중력과 인내를 통해 무엇을 얻을 수 있는지를 보여주는 흥미로운 책이다.

결국 아들의 재능에 대한 아버지의 생각은 옳았다. 켈먼은 혁신가이자 창조적 사상가로서, 그리고 150가지가 넘는 특허권을 소유한 발명가로서 세계적인 명성을 얻었다. 또한 그는 음악, 연예, 쇼 비즈니스 분야에 대한 자신의 열정과 꿈도 절대 포기하지 않았다. 켈먼은 작은 책한 권에서 배운 비밀들을 따라서 음악 작업을 계속해 왔고 카네기홀에서 연주도 했다. 그리고 '투나잇 쇼', '데이비드 레터맨 쇼', '오프라 쇼' 같은 수많은 토크 프로그램에 출연하기도 했다. 여전히 켈먼은 자신에 대해 이렇게 말한다. "뭐니뭐니해도 나는 의사랍니다."

성공 나침반을 만들어라

켈먼의 놀라운 성공은 매일매일 꿈을 기록하고 시각화하는 작업의 위력이 어느 정도인지를 말해준다. 이제는 여러분의 차례이다. 나는 '성공 나침반(Success Compass)'이라는 웹 기반의 소프트웨어 프로그램을 개발했는데, 이는 사람들이 꿈을 실현할 수 있도록 동기를 부여하는 역할을 한다. 지금 당장 www.successcompass.com에 접속하여 무료로 성공 나침반 프로그램을 이용해보라. 여러분의 인생을 변화시킬 수 있을 것이다. 일단 사이트에 접속하면 마법사가 나타나서 질문을 한 다음 승진에서부터 대인관계 개선, 건강 유지, 재정적 안정 등 12가지 핵심 영역의 예를 제공할 것이다. 자신의 꿈과 목표와 관련된 목록을 작성하고 가장 중요한 10가지 항목에 대해 우선순위를 매긴다. 그런 다음 그 내용을 프린트하거나 하루에 세 번씩 이메일로 보내달라고 요청하면 된다. 또는 명함 크기의 카드로 제작해 달라고 할 수도 있다.

켈먼 박사가 말했듯이 "잠재의식을 깨우기 위해서는 하루에 세 번씩 자신의 꿈에 집중해야 한다." 항상 성공 나침반을 휴대하고 다니면 그것을 일상 생활의 필수불가결한 부분으로 만들 수 있다.

자신의 인생을 변화시키겠다고 결심했다면, 오늘 당장 무엇부터 시작할 것인가? 30분 정도만 시간을 내서 성공 나침반을 만들어보라. 자신의 꿈을 글로 구체화하는 단순한 행동을 통해 얻게 되는 힘의 위력에 깜짝 놀랄 것이다. 일단 한번 해보라! 하루에 세 번씩 자신의 꿈이 적힌 목록을 바라보면 잠재된 마음의 에너지가 꿈을 향해 나아가도록 이끌어줄 것이다.

다음 장부터는 12가지 성공믿음에 대하여 이야기할 것이다. 내가 알고 있는 성공한 사람들은 거의 모두가 이 원칙을 따랐다. 그리고 성공믿음들을 개인의 삶에 적용시킨다면, 각자의 성공 나침반이 어느 방향을 가리키든 틀림없이 성공을 성취할 수 있을 것이다.

로완 중위는 가르시아 장군이 어디 있는지 묻지 않았다

어렸을 때 내가 가장 좋아했던 책은 『가르시아 장군에게 보내는 메시지』라는 책이었다. 그 책을 좋아한 이유는, 제목에 나오는 이름과 내 이름이 같아서이기도 하지만, 무엇보다도 진취적 기상에 대한 교훈을 가르쳐주었기 때문이다.

엘버트 허바드가 쓴 『가르시아 장군에게 보내는 메시지』는 약 100년 전에 「필리스틴(The Philisine)」지 3월호에 실렸던 글이다. 잡지가 발간된 이래, 이 짧은 이야기는 전세계적으로 약 4500만 명 이상의 사람들이 읽었으며 지금도 여전히 폭넓은 인기를 누리고 있다.

오늘날 기업들은 직원들에게 동기부여를 하기 위해 이 책의 내용을 적극 활용하고 있다. 나 역시 일반 기업뿐만 아니라 정부 부처의 직원들도 반드시 이 책을 읽어야 한다고 생각한다.

틀 안에 갇히지 마라

1899년 미국이 스페인과 전쟁을 시작하려는 순간에 매킨리 대통령은 쿠바의 반군 지도자인 가르시아 장군으로부터 스페인의 군사력에 대한 정보가 필요했다. 그러나 가르시아 장군은 쿠바의 정글 깊숙한 곳에 있었기 때문에 전보나 편지로 연락을 취할 수가 없었다. 그래서 앤드루 서머스 로완 중위가 대통령이 보내는 편지를 전하기 위해 급파되었다. 편지는 방수 파우치로 봉인된 채 그의 가슴에 묶여 있었다.

로완 중위의 첫 도착지인 자메이카에서 스페인의 지배에 저항하다 쿠바에서 망명한 케르바치오 사비오를 만났다. 로완 중위는 자메이카 당국의 삼엄한 감시를 뚫고 사비오를 따라 적지로 들어갔다.

그들은 작은 어선을 타고 자메이카를 떠나 쿠바로 향했다. 쿠바로 가는 약 150킬로미터에 이르는 길은 중무장한 스페인 군대의 '랜차스' 경비정 때문에 아주 위험했다. 로완 중위에게는 리볼버 권총과 라이플 소총이 전부였다. 만일 '랜차스'에게 발각된다면 로완 중위의 임무도 실패로 끝날 것이 뻔했다. 일행은 쿠바 해안에서 50야드 떨어진 곳에 닻을 내린 후, 어둠을 틈타 정글 속으로 들어갔다. 그들은 험준하고 경계가 삼엄한 지역을 지나 마침내 가르시아 장군의 본부가 있는 바야모에 도착했다. 가르시아 군대는 그들을 반갑게 맞이했다. 로완 중위는 가르시아 장군에게 무사히 편지를 전했고, 장군의 답장을 다시 매킨리 대통령에게 전해야 했다.

　로완 중위의 귀환은 출발 때와 마찬가지로 매우 위험했다. 로완과 일행은 또다시 임무를 완수하기 위해 땡볕이 내리쬐고 비바람이 퍼붓는 변덕스러운 바다와 맞섰다. 로완은 황열병 증세를 보여 잠시 격리되기도 했지만 주어진 임무를 무사히 마칠 수 있었다. 워싱턴으로 돌아온 그는 대통령에게 중요한 정보를 전달함으로써 임무를 완수했다. 하지만 그는 자신이 한 일이 결코 영웅적 행동이라고는 생각하지 않았다.

　허바드는 『가르시아 장군에게 보내는 메시지』에서 로완 중위의 위대한 성취를 높이 평가했다. 이 세상에는 안 되는 이유를 찾기보다는 과감히 맡은 임무를 수행해내는 로완 중위와 같은 인물이 필요하다. 그와 같은 유형의 사람들은 일단 임무를 맡으면 그것을 완수할 수 있는 방법부터 모색한다.

갤빈 장군이 보내온 메시지

내가 아버지와 함께 『가르시아 장군에게 보내는 메시지』를 읽은 지도 꽤 오랜 세월이 흘렀다. 나는 미 공군사관학교를 졸업한 후 공군에 입대했다. 스물네 살 때에는 훗날 NATO 총사령관이 된 존. R. 갤빈 장군의 특별 보좌관으로 일했다. 나는 갤빈 장군이 파나마 공화국 주둔 미군 사령관으로 있을 때 몇 년 동안 장군 밑에서 일한 적이 있다.

　갤빈 장군이 내게 첫 임무를 부여했을 때의 일이다. 임무를 지시받고 몇 시간이 흐른 뒤 나는 잔뜩 긴장한 모습으로 장군을 다시 찾아가 여러 가지 질문을 했다. 그러자 장군은 나를 호되게 꾸짖으며 이렇게 말했다.

"대위, 자네 어깨에는 별이 몇 개나 달려 있나?"

"하나도 없습니다, 장군님." 나는 목소리가 갈라지지 않도록 조심해서 말했다.

"그럼 내 어깨에는 별이 몇 개나 있지?"

"4개입니다, 장군님."

"대위!" 갤빈 장군은 갑자기 고함을 쳤다. "자네, 대체 뭐하는 사람이야? 내가 자네 일을 대신 해주길 바라나?" 장군의 말에 나는 아무 대꾸도 하지 못했다. 머릿속에서는 '아, 이제 내 군대 생활은 끝났구나!' 하는 생각이 스쳐 지나갔다.

자리를 뜨려는데, 장군은 내게 절대로 잊지 못할 충고 한 마디를 해주었다.

"가르시아 대위, 내게 문제를 가져오지 말고 해결책을 가져오게."

나는 앞으로의 일을 걱정하며 장군의 방을 나왔다.

그 후 갤빈 장군에게 나의 해결 방안을 제출했을 때 장군은 여전히 만족하지 않았다. 하지만 전보다는 충격이 덜했다. 장군은, 최소한 3가지의 해결책을 가져와야 하고, 그 중에서 한 가지를 선택한다면 왜 그것을 선택해야 하는지를 설명해야 한다고 말했다. "만일 자네가 항상 문제를 해결할 수 있는 3가지 해결책을 생각한다면 다양한 관점에서 상황을 바라볼 수 있을 것이고, 머리에 우선 떠오르는 한 가지 해결책만을 갖고 있지는 않을 걸세."

나는 로완 중위의 예를 따르지 않았다. 스스로 해결책을 찾지 않고 멍청한 질문만 던졌던 것이다.

성공하는 사람들은
해결책을 제시한다

훌륭한 리더들은 대개 문제의 해결사이다. 하지만 리더가 아니더라도 해결책을 제시하고 문제를 처리할 수 있어야 한다. 나는 우리 회사의 관리자들이 24시간 이내에 문제를 해결하기를 바란다. 하루가 지나도록 해결되지 않는 문제가 있으면 그것을 '경계대상 목록'으로 작성한다. 문제를 지적하는 사람보다는 문제를 해결하는 사람을 고용하는 것이 중요하다. 자신의 문제가 무엇인지 파악하는 것은 그리 어려운 일이 아니다. 정말로 어려운 일은 그에 대한 해결책을 찾는 것이다. 『한 가지로 승부하라』의 저자인 브라이언 트레이시는, 탁월한 해결사가 되려면 가능한 해결책에 집중하라고 말한다. 그리고 일이 잘못 되었을 경우 다른 사람에게 화를 내거나 비난하지 말고 자신에게 이렇게 물어보라고 한다. '해결책은 무엇인가?, 다음에는 뭘 해야 하는가?' 트레이시는 또 이렇게 말한다. "크게 성공하는 사람들은 피할 수 없는 문제와 일상에서 부딪치는 어려움들에 건설적으로 대응하는 능력을 개발해낸 사람들이다."

여러분은 어떤 타입의 직원인가? 임무를 끝내지 못한 이유를 변명하기 위해 사장에게 달려가는가? 온갖 장애물에도 불구하고 임무를 완수해내는가? 로완 중위와 같은 사람인가? 아니면, 어째서 임무 완수가 불가능한지 구구절절 변명만 늘어놓는 사람인가? 임무를 완수하기 위해 정글을 헤치고 나아가는 타입인가? 아니면 덩굴과 관목이 길을 막고 있으면 그 자리에서 바로 포기해버리는 타입인가? 여러분이 경영자라면, 이미 차려진 밥상 위에 숟가락만 올려놓는 쪽인가? 아니면 온갖 악조건 속에서도 새로운 길을 개척해 나가는 쪽인가? 문제가 발생했을 때 경제 정책이나 정부를 비난하는가? 아니면 다른 사람들이 보지 못하는 곳에서 새로운 기회를 포착해내는가? 두려움 없이 전진하는가? 아니면 다른 사람들이 앞을 향해 나아가는 동안 태평하게 뒷짐만 지고 서 있는가?

『경쟁력 있는 E-리더의 조건』이라는 책에서 로버트 하그로브는 집사형 CEO와 기업가형 CEO를 구분하고 있는데, 집사형 CEO는 낡은 액자를 닦으며 과거에 안주하는 반면 기업가형 CEO는 이전까지 없었던 새로운 것을 창조해내는 사람이다.

개인적인 삶에서도
해결책을 제시하라

개인적인 삶에서도 마찬가지다. 자신의 문제를 해결하는 데에는 관심이 없고 말만 많은 사람들이 있다. 그들은 해결책을 알려주어도 받아들이지 않고 왜 그 해결책이 효과가 없는지에 대해서만 이런저런 말들을 늘어놓는다. 안타깝지만 그런 사람들은 해결책을 찾기보다는 문제 자체에만 매달리기 때문에 계속해서 실패할 수밖에 없다.

모든 것은 자신의 결정에 달려 있다. 마음만 먹는다면 자신의 앞길을 가로막는 장애물에 아랑곳하지 않고 모든 일에서 진취적으로 행동할 수 있다. 여러분은 문제를 해결할 만한 능력이 있다. 그렇지 않다면 자신의 꿈이 사라지는 것을 속수무책으로 지켜보야야만 할 것이다. 매킨리 대통령이 가르시아 장군에게 편지를 보낸 지 100여 년이 지난 후,

레이건 대통령은 미국인들에게 다음과 같은 메시지를 전했다. "우리의 삶을 어떻게 가꿔 나갈지 결정했다면, 그 목표를 향해서 열심히 노력하세요. 우리는 절대로 패배하지 않습니다. 우리는 해낼 수 있습니다."

이 장부터 각 장의 마지막에는 여러분에게 전하는 성공 멘토링이 나온다. 이것은 각 장의 핵심 포인트를 정리한 것이다. 그 내용들을 마음 속 깊이 간직한다면, 여러분에게도 성공이 찾아올 것이다.

변명하지 말고 책임을 져라

공군사관학교에 들어가면 처음 얼마 동안은 선배들에게 엄격한 군기 교육을 받는다. 이때 선배들 앞에서는 단 네 마디 말밖에 할 수 없다. '그렇습니다', '그렇지 않습니다', ' 모르겠습니다', '변명하지 않겠습니다' 가 바로 그것이다.

숙제를 해오지 않은 학생들은 선생님에게 종종 변명을 늘어놓는다. 학생들이 변명하는 것도 나쁘지만 어른이 변명하는 것은 더 나쁘다. 경영자들은 직원들에게서 '바빠서 아직 못 끝냈다', '다른 부서에서 자료가 오지 않아서 못했다' 하는 식의 변명을 자주 들을 것이다. 다섯 살짜리 어린애의 변명이든 마흔다섯 살 먹은 어른의 변명이든, 변명은 자신의 책임을 다른 사람에게 전가시키는 행위이다. 하지만 성공하는 사람들은 다른 사람이나 부서에 책임을 떠넘기지 않고 자기 스스로 책임을 진다.

누군가 옆에서 잔소리를 하면 혹시 내가 잘못한 게 없는지, 약속 날짜를 못 지킨 것은 아닌지 생각해보라. 그리고 제대로 못한 게 있다면 변명하지 말고 자신의 행동에 책임을 져라. 문제는 항상 여러분이 최선을 다하지 않을 때 발생한다. 존 F. 케네디 대통령은 이렇게 말했다. "지붕을 수리하기에 가장 좋은 때는 태양이 반짝거릴 때이다."

가 르 시 아 의 멘 토 링

진취적 기상을 가져라. 창조적 상상력을 동원하여 자신에게 주어진 임무를 완수하라. 그리고 임무을 완수하지 못했을 때는 변명하지 말고 책임을 져라. 여러분은 로완 중위와 같은 사람인가? 아니면 불평만 일삼는 사람인가? 자신을 가로막는 장애물에 집착하는가? 아니면 임무를 완수할 방법을 찾아내려고 애쓰는가? 일은 제대로 하지 않으면서 불평하는 데에는 많은 시간을 허비하고 있지는 않은가?

여러분은 어떤 심각한 문제에 대해서 최소한 3가지 이상의 해결책을 생각해내야 한다. 이러한 과정을 통해서 여러분은 다양한 해결책들을 검토해볼 수 있다. 그리고 모든 아이디어들을 비교해보고 가장 효율적인 방법으로 문제를 해결할 수 있다.

당신에겐 성공 열망이 필요하다

성공하는 방법을 아는 것만으로는 성공을 이룰 수 없다. 하이메 에스칼란테가 말한 것처럼 'ganas'(스페인어로 '열망'이라는 뜻)가 필요하다. 성공을 성취하려는 열망이 마음 깊은 곳에서 타올라야 한다.

볼리비아에서 물리와 수학을 가르쳤던 에스칼란테는 1964년에 미국으로 이주했다. 당시 그는 영어를 하지 못했고 교직을 계속하는 데 필요한 증명서도 없었다. 캘리포니아에 정착한 후 에스칼란테는 낮에는 레스토랑에서 일하고 밤에는 파사데나 시립대학에 다녔다. 그리고 칼 스테이트 LA에서 수학과 전자공학을 전공했다. 그는 졸업 후에 LA에 있는 가필드 고등학교에서 교편을 잡았다. 그가 담당한 과목은 컴퓨터공학이었는데 학생들이 그 수업을 따라오기에는 기초적인 수학 실력이 부족했다. 마약과 폭력이 난무하는 학교 주변의 열악한 환경 속에서도 에스칼란테는 상급 수준의 미적분을 몇몇 학생들에게 가르쳤다. 1982년 학생들은 고급 교과 과정인 AP(Advanced Placement) 미적분 시험에 응시하여 모두 합격했다.

그러나 ETS는 학생들이 부정행위를 했다고 비난하면서 AP 미적분 시험에서 얻은 학생들의 점수를 무효 처리했다. ETS는 바리오(Barrio, 히스패닉계 사람들의 집단 거주지역) 출신의 가난한 히스패닉계 학생들이 자기 실력으로는 그 시험을 통과할 수 없다고 믿었기 때문이다. 학생들은 분노를 참을 수가 없었다. 그래서 거의 한 달 동안 수업과 등교를 거부했다. 그들 중 12명이 재시험에 응시해서 이번에도 모두 통과되었다.

그 이듬해 에스칼란테가 지도하는 미적분 교육 프로그램은 놀라운 정도로 성장했다. 그의 수업에 등록한 학생수와 미적분 시험에 통과한 학생수가 모두 두 배로 증가했다. 33명이 응시하여 30명이 통과한 것이다. 1987년에는 73명이 시험에 통과했고, 또 다른 12명의 학생은 더 어려운 상급 시험에 통과했다. 1990년까지 에스칼란테의 수학 교육 프로그램에는 대수 기초부터 고급 미적분 과정에 이르기까지 400명이 넘는 학생들이 참여했다.

에스칼란테는 모든 학생들과 마음이 잘 통했고 그들에 대한 기대치를 높임으로써 학습에 대한 동기를 유발시켰다. 그는 수학 선생 이상의 능력을 갖고 있었다. 믿기 어려운 일이지만, 학생들은 공휴일이나 여름방학도 잊은 채 밤늦도록 학교에 남아 미적분 시험 공부에 매달렸다.

가장 중요한 성공믿음 중 하나는 '열망'이다. 성공하기 위해서는 타오르는 욕망과 '가슴속의 불꽃'을 지니고 있어야 한다. 성공에 대한 의지가 부족한 사람은 정작 성공에는 한 발짝도 다가서지 못한 채 다람쥐 쳇바퀴 돌 듯 제자리걸음만 반복할 뿐이다. 그리고는 성공 관련 책들을 이리저리 뒤적이면서 '남들은 다 성공하는데 왜 나만 성공하지 못하는 걸까' 하면서 고민하게 된다.

목표란 데드라인이 정해진 꿈이다

마크 트웨인은 이렇게 말했다. "지금부터 20년 후에 여러분은 자신이 했던 일보다는 시도조차 못한 일 때문에 후회할 것이다. 자, 돛을 올려라! 항구를 벗어나 항해를 시작하라. 무역풍을 타고 전진하라. 모험하라. 꿈을 꿔라. 그리고 발견하라."

야심찬 목표를 세워라

무역풍을 타고 바다를 항해한 데이비드 클라크는 우리에게 불굴의 의지를 보여준 인물이다. 1999년 12월 5일, 여섯 명의 손주를 둔 할아버지인 클라크는 플로리다의 로더데일 항구에서 전장(全長) 13미터짜리 범선에 몸을 싣고 세 번째 세계일주 항해를 떠났다. 경험 많은 선원들조차 꺼리는 항해를 노인 혼자서 감행한 것이다.

항해는 난관의 연속이었다. 클라크는 애견 미키를 남아프리카의 해안가에서 잃어버렸고, 7~9미터나 되는 높은 파도를 만났으며, 한 달 동안 육지 구경을 못한 적도 있었다. 배가 심하게 파손되어 수천 달러나 들여 수선한 적도 있었다. 하지만 이 모든 난관을 뚫고 클라크는 플로리다를 출발한 지 2년 2개월 만에 무사히 고향으로 돌아왔다. 이리하여 그는 돛단배를 타고 세계일주 항해에 성공한 최고령의 사나이가 되었다.

개썰매로 남극을 횡단하든, 돛단배로 세계일주를 떠나든, 새로운 사업을 계획하든, 불굴의 의지만 있다면 반드시 목표에 이를 수 있다. 일곱 번 넘어지고 여덟 번 일어나는 칠전팔기의 근성만 있다면, 결국에는 목표에 도달할 것이다. NFL 그린베이 팩커스의 감독인 빈스 롬바르디는 이렇게 말했다. "성공한 사람과 성공하지 못한 사람의 차이는 능력이나 지식이 아니라 의지력이다."

목표는 현실적이어야 한다. 그러나 쉽게 성취할 수 있는 것이어서는 안 된다. 또한 목표는 성취하기 어려운 어떤 것에 도달하도록 스스로를 강제할 수 있어야 한다.

목표를 세우는 것은 중요하다. 그러나 무난한 목표 설정은 의미가 없다. 도전적인 목표를 세우고, 그 목표를 이룰 수 있도록 최선을 다하라. 이것이 스스로를 개발하고 발전시키는 방법이다. 언덕을 미끄러져 내려가는 것은 재미있다. 하지만 가파른 능선을 따라 정상에 올라가야 최고의 경관을 감상할 수 있다. 다만 정상에 오르기 위해서는 그만한 노력이 필요하다.

목표가 무엇이든, 그것을 이룰 수 있게 하는 원동력은 바로 열망이다. 마음속에 타오르는 열망과 열정이 있다면 세상에 이루지 못할 것은 없다. 열망은 어려운 상황에서도 중심을 잡을 수 있게 하고, 열정은 꿈을 실현시킬 인재들을 끌어들인다.

답은 언제나 현장에 있다

성공하는 사람들은 성공에 필요한 지식을 갖고 태어난 것이 아니라 노력을 통해 그것을 얻었다. 성공에 필요한 지식과 경험을 얻기 위해서는 우선 상아탑을 벗어나야 한다.

백악관 연구원 시절에 나는 국무차관인 존 화이트헤드 밑에서 일을 했다. 화이트헤드 차관은 책상에 앉아 펜대만 굴려서는 일을 제대로 할 수 없다고 충고했다. 그는 워싱턴에서의 일들이 어떤 식으로 이루어지는지 배우도록 했다. 해군에서 제대한 뒤 골드만삭스 우편실에서 일을 처음 시작했던 화이트헤드는 정계와 재계의 고위급 인사가 되었다. 그의 지도하에 나는 날씨만큼이나 변덕스러운 지엽적인 이슈에 휘둘리지 않고 정부의 절차에 집중하는 방법을 배웠다. 이슈는 변해도 절차는 변하지 않는다. 화이트헤드 차관은 의회, 행정부, 사법부, 언론, 이익단체 그리고 싱크탱크 간의 상호관계를 이해할 수 있도록 도움을 주었다. 나는 이때 워싱턴 정가의 관료 사회를 철저하게 배울 수 있었다. 정부의 각 부처 내에는 일반 공무원과 선거로 뽑힌 공직자에 이르기까지 경쟁적인 이해관계가 존재했다. 나는 의회 홀을 거닐면서 모든 직급의 일반 공무원 및 선거직 공직자들과 이야기를 나누었다. 정부가 실제로 어떻게 움직이는지에 대한 이해와 지식을 제공하는 것이야말로 살아있는 경험이다.

상아탑 밖의 관점은 다를 수 있다

신성한 의회 홀에서부터 멀리 떨어진 볼리비아 코카 농장에 이르기까지 나는 언제나 현장에서 많은 것을 배웠다. 나는 미 국무부 산하 국제 마약문제 사무국에서 볼리비아 담당자로 일했다. 나는 몇 주간 볼리비아에 머무르며 마약국 요원과 미 육군 특수부대인 그린베레 대원과 함께 했는데 그린베레 대원들은 마약상들을 소탕하기 위해 볼리비아군을 훈련시켰고, 헬기를 타고 다니며 마약 재배 농장을 감시했다.

코카인의 원료로 쓰이는 코카잎은 폭이 약 50미터 정도 되는 커다란 원형 콘크리트 바닥에서 앞뒤로 뒤집어 말리며, 완전히 마르면 45킬로그램씩 자루에 담아 코카인 제조업자에게 보낸다. 코카인 생산의 핵심 과정인 코카잎 건조 작업을 방해하기 위해 볼리비아 공군 헬기는 지면 가까이 접근하여 날개바람으로 코카잎을 흩뜨린다.

어느 무더운 여름날 오후, 파일럿이 헬기를 착륙시키면서 원형 콘크리트 한가운데에 쌓여 있는 코카잎을 날려버렸다. 우리는 헬기에서 내려 코카잎을 말리고 있는 농부에게 다가갔다. 그는 상의를 벗은 채 반바지만 입고 있었고, 힘든 작업 때문인지 먼지투성이였다. 그의 아내도 갓난아이에게 젖을 물린 채 옆에 서 있었고, 아이 하나는 그녀의 누더기 같은 옷을 붙잡고 서 있었다.

"당신이 지금 말리고 있는 그 잎이 우리 국민 수천 명의 생명을 빼앗아 가는 코카인의 원료라는 사실을 알고 있습니까?" 나는 농부에게 스페인어로 말했다.

"어느 나라 말이오?" 농부는 퀭한 갈색 눈으로 나를 바라보았다. 큰 돈벌이도 안 되는 힘든 일 때문에 찌들고 피곤한 눈빛이었다.

"미국말입니다. 코카인에 중독된 엄마 때문에 아이들이 죽어가고 있어요." 나는 마약 거래의 사악함에 대해서 자세히 설명했지만, 내 말은 아무 소용이 없었다.

말을 마친 후 그를 쳐다보았다. 농부도 잠시 나를 쳐다보았다. 농부의 아내도 아이를 달래면서 나를 보았고, 계집아이도 엄마 뒤에서 흘끔거렸다. 그러나 아이의 커다란 검은 눈은 엄마 아빠처럼 찌들어 보이지는 않았다.

"코카인 때문에 미국인들이 얼마나 많이 죽소?"

"1년에 약 만 명 정도 됩니다."

농부는 말보로를 꺼내더니 불을 빌려달라고 했다. 하지만 나는 라이터가 없었다.

그는 어깨를 으쓱거리더니 흡연자 특유의 기침을 깊게 토해냈다. 그러고는 목을 가다듬고 숨을 돌렸다. 농부는 마침내 입을 열었다.

"어린 시절 TV에 나오는 말보로 광고를 보면서, 한때 나도 말보로 맨이 되고 싶었던 적이 있었소. 그러나 사실 나는 지난 20년 동안 담배라는 것에 속아왔던 거요. 언젠가는 담배가 내 목숨을 앗아가겠지만 나는 지금 담배를 끊을 수 없소." 농부는 나를 똑바로 쳐다보며 물었다. "당신 나라에서는 폐암으로 죽은 사람이 얼마나 되오?"

"20만 명이 넘을 겁니다."

농부는 담배 포장의 라벨을 가리켰다. '미국산.' 그는 내가 모르는 게 있다는 듯이 이렇게 물었다. "그링고 씨, 북캐롤라이나 농장지역에 마지막으로 가본 게 언제요?"

"북캐롤라이나에는 한 번도 가본 적이 없습니다."

"그럼 미국에서는 이 담배를 우리나라를 포함해서 세계 몇 나라에 얼마나 수출하고 있소?"

"잘은 모르겠지만 아마도 많겠지요."

"그링고 씨, 나는 일개 농부에 불과하오. 코카잎 45킬로그램을 말리면 50달러를 벌어요. 일주일 내내 일해야 가족들과 근근이 먹고살 수 있는 정도요."

농부의 말이 나를 한방 먹였다. 비록 교육을 받진 못했지만 그는 강력한 핵심을 찔렀다. 그는 자기가 하는 일이 전혀 나쁘다고 생각하지 않는 것 같았다. 단지 가족을 먹여 살리기 위해 농작물을 수확하고 열심히 일하는 것뿐이었다. 한편 그의 관점에서 보면, 미국에서는 수천 명의 농부들이 수백만 톤의 담배를 재배하여 담배 생산업자에게 넘긴다. 미국에서 가공된 담배는 세계 각국으로 팔려나가 수천만 명의 사람들에게 치명적인 해를 끼치고 있는 것이다.

볼리비아 코카잎 재배지역에서
마약퇴치본부로

1989년 교육부장관을 지낸 윌리엄 베닛이 수장으로 있던 마약퇴치본부에서 마약통제 정책의 기초안을 마련하면서, 나는 볼리비아에서의 현장 경험을 효과적으로 활용할 수 있었다. 그 정책은 처방, 교육, 예방, 금지라는 4가지 주요 영역에 초점을 맞춘 광범위한 전략이었다.

윌리엄 베닛은 사무실을 벗어나 현장에서 먼지를 뒤집어 쓰며 일하는 것이 얼마나 중요한지를 아는 사람이었다. 교육부장관 시절, 그는 100여 곳이 넘는 학교를 일일이 방문해서 교사와 학생들과 열띤 토론을 벌였다. 또한 그는 교원 단체의 말에 의존하기보다는 현장으로 나가 교사들과 많은 이야기를 나누는 것을 좋아했다.

현장 경험이
이론적인 지식을 능가한다

우리는 경험 통해서 많은 것을 배울 수 있다. 학교 교육은 분명 중요하지만 일을 하면서도 실력을 향상시킬 수 있다. 하이메 에스칼란테도 열악한 교육 환경에 있는 학생들에게 동기를 유발하는 방법을 따로 배우지는 않았다.

수많은 법대 졸업생들은 로펌 변호사가 되길 원하지만 복잡한 계약건을 처리해본 경험은 없다. 신참 변호사들은 기업 계약에 적용되는 법률 원칙은 알고 있지만 한 번도 초안을 작성해본 적은 없다. 그들은 법을 실제로 실행해보지 않은 교수들에게서 변호사처럼 생각하는 방법을 배웠을 뿐이다.

로스쿨 2년차 때에 나는 무트 법원 편집위원회에 선발되어 1년차 학생 12명의 멘토가 되었다. 나는 그들이 가상의 사례를 통해 법 기술을 배우기보다는, 살아있는 경험을 하고 실제 법적 상황에서 일을 해보길 바랐다. 나는 때마침 미 연방 vs 뱀버 케이스에 대해 들었다. 이 사건은 플로리다 대법원이 심리하기로 예정되어 있었다.

나는 학생들의 도움을 받아 피고측 변호에 참여하기로 했다. 그리고 플로리다 대법원의 로즈마리 바케트 대법원장에게 전화를 걸어 그 사건의 진술 내용을 담은 비디오테이프를 얻을 수 있는지 물었다. 하지만 그 비디오테이프는 관행상 법정 안에서만 사용해야 한다는 거였다. 그래서 내 최초의 요청은 기각되고 말았다. 하지만 대법원장은 나와 학생들만 그 내용을 본다는 조건으로 진술 내용을 담은 테이프를 빌려주는 데 동의했다.

우리는 그 사건을 담당한 변호사와도 논의를 했다. 학생들은 변호사에게 어떤 진술이 효과가 있었고 그렇지 못했는지에 대해서 의견을 전달했다. 그리고 앞으로 그가 할 법정 진술들에 대해서도 이야기했다. 그로부터 몇 개월간 나는 모든 정보를 활용하여 그 케이스와 관련된 법률 조항을 연구했다. 그리고 플로리다 대법원은 판결문에서 내가 주장한 법률 조항을 인용하면서 피고 승소 판결을 내렸다.

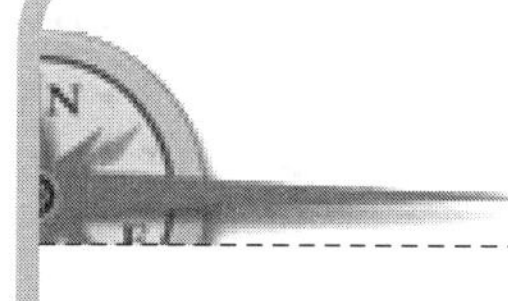

성공하는 사람들은 상아탑을 벗어나 현장에서 해결책을 찾는다. 그들은 일이 있을 때마다 책상을 박차고 나가 눈으로 직접 확인하고 필요한 조치를 취한다. 그들은 일이 어떻게 돌아가는지를 알고 있을 뿐만 아니라 더 새롭고 나은 방법을 찾아낸다.

우리는 종종 다른 사람들의 관점에서 문제를 바라볼 필요가 있다. 다른 사람의 위치에 서보는 것은 문제에 대한 새로운 통찰을 제공한다. 우리가 만나는 모든 사람이 문제의 해결책을 제공할 수 있는 잠재력을 갖고 있다. 새로운 아이디어나 수년 동안 괴롭혀 왔던 문제 해결의 단초를 얻을 수도 있다. 전혀 기대하지 않았던 누군가에게서 우리의 삶을 변화시킬 만한 무언가를 발견할 수 있다는 사실을 기억하라.

모든 사람을 영웅처럼 대하라

모든 사람에게 배울 점이 있다고 믿는다면, 만나는 사람들을 존경하는 마음으로 대해야 한다. 경청할 자세가 되어 있다면, 모든 사람들에게서 배움을 얻을 수 있다. 어떤 직업을 갖고 있고 나이가 몇 살인가는 문제가 되지 않는다. 인종이나 종교, 사회적 지위, 부의 많고 적음은 중요하지 않다. 헨리 데이빗 소로우는 "영웅은 종종 가장 평범한 사람이다"라고 말했다.

내 사무실에는 공군사관학교 시절에 알게 된 윌리엄 크로포드의 커다란 유화 그림이 걸려 있다. 그는 생도들에게 존경과 리더십에 대해 많은 교훈을 주었다. 크로포드 씨는 기숙사 경비원이었다. 그렇다. 그는 일개 경비원일 뿐이었다. 수년 동안 사람들은 그렇게 생각해 왔다.

그는 바닥을 닦고 화장실을 청소했다. 그런 그에게서 무엇을 배울 수 있을까? 생도들에게 그는 조롱의 대상이거나 아예 관심거리도 못 되었다. 그러나 어느 가을 오후에 상황이 달라졌다. 1977년에 생도인 제임스 모슈갓은 제2차 세계대전 당시 이탈리아에서 벌어진 격렬한 지상전에 관한 책을 읽고 있었다. 그 책에는 전투에서 죽음을 무릅쓰고 용맹하게 싸운 윌리엄 크로포드 사병의 이야기가 있었다.

1943년 9월 이탈리아의 살레르노에 상륙한 연합군이 독일군과 피비린내 나는 격렬한 전투를 시작한 지 나흘 후에 있었던 일이다. 36 보병여단에 배속된 크로포드 일병은 적군의 맹렬한 기관총 세례에 맞서 세 차례의 교전을 벌인 끝에 고립된 전우들의 목숨을 구했다. 빗발치는 총알을 헤치고 적진으로 달려간 그는 적을 향해 수류탄을 던졌고, 적의 기관총 한 기를 탈취해 퇴각하는 독일 병사들에게 사격을 가했다. 하지만 그는 안타깝게도 이탈리아 전투에서 전우들의 목숨을 구하고 전사한 것으로 알려졌다. 크로포드에게는 1944년에 명예훈장이 추서되었다.

하지만 크로포드 일병은 그 전투에서 죽지 않았다. 당시 그는 독일군에게 체포되었고, 전쟁이 끝날 때까지 2년 동안 독일 포로 수용소에 갇혀 있었다. 모슈갓은 혹시 경비원과 크로포드 일병이 동일 인물이 아닐까 하는 생각이 들었다. 그래서 그에게 크로포드 일병 이야기를 하자 경비원은 자신이 바로 그 사람이라고 말했다. 그 경비원이 명예훈장의 주인공이었던 것이다! 크로포드 씨는 1967년 상사로 전역한 후에 경비원 일을 하게 되었고, 군 경험을 통해 얻은 교훈을 미래의 공군 장교들에게 전할 수 있었다고 말했다.

1984년 5월, 레이건 대통령은 미 공군사관학교 졸업식에서 연설을 한 후 윌리엄 크로포드에게 새로운 명예훈장을 수여했다. 크로포드는 2000년에 사망했고, 공군사관학교 묘지에 안장된 유일한 육군 병사이자 명예훈장 수상자가 되었다.

크로포드가 존경을 받아야 하는 이유는 그가 팀의 일원이었고 그 누구보다도 중요한 일을 해냈다는 점이다. 크로포드는 많은 사람들에게 가르침을 줄 만한 소중한 교훈을 갖고 있었다. 사무실 벽에 걸어둔 크로포드의 그림을 보면서, 나는 모든 사람들의 마음속에는 영웅이 될 수 있는 잠재력이 존재한다고 생각한다. 우리가 만나는 모든 사람들이 그런 영웅은 아니다. 그러나 성공하길 원한다면, 만나는 모든 사람들을 존경하는 마음으로 대해야 한다.

완벽하게 접힌 낙하산 때문에 목숨을 건지다

찰스 플럼이 아내와 함께 식당에 갔을 때 있었던 일이다. 플럼은 누가 자기를 계속 쳐다본다는 느낌이 들었지만, 잘 모르는 사람 같았기 때문에 모른 척 해버렸다. 몇 분 후 그 남자는 플럼 부부가 앉아 있는 테이블 쪽으로 다가와서 말했다.

"혹시 플럼 씨 아니신가요?"

"그렇습니다만, 누구시죠?"

"그럼 베트남 전쟁에서 전투기를 몰지 않았나요?" 낯선 남자의 목소리가 점점 커졌다. "키티호크 항공모함 소속이었죠? 또 적에게 격추되어 낙하산으로 탈출했지만 적진에 떨어졌죠? 그래서 6년 동안 전쟁 포로로 있었죠? 맞죠?"

플럼은 깜짝 놀랐다. 모든 게 사실이었다. 이 사람은 도대체 누구란 말인가? 안나폴리스에서 해군사관학교를 졸업한 뒤 플럼은 베트남에서 F4 팬텀기를 조종했다. 74번의 전투비행을 성공적으로 마치고 75번째 전투비행에서 그는 적에게 격추를 당했다. 귀향을 닷새 앞둔 채였다. 그래서 그는 베트남 포로 수용소의 비좁은 감방에서 2103일을 갇혀 지내야만 했다.

플럼은 드디어 그가 누구인지를 생각해냈다. "세상에! 난 줄 어떻게 알았어요?"

"당신, 낙하산을 담당했었잖아요." 그가 플럼의 손을 잡고 세차게 흔들었다.

"낙하산 잘 펴졌죠?"

"그럼요. 낙하산이 제대로 펴지지 않았더라면 오늘 난 여기에 있지 못했겠죠." 낙하산은 완벽하게 접혀져 있었고 플럼은 그 덕분에 목숨을 건졌다. 그날 지대공 미사일이 플럼의 비행기를 격추시켰을 때 그와 동료 조종사는 시속 800킬로미터로 허공으로 튕겨나갔지만 낙하산이 제대로 펴졌기 때문에 안전하게 착륙할 수 있었다. 그런데 적지에 착륙하는 바람에 적군에게 바로 체포되었다.

집으로 돌아온 플럼은 그 남자의 모습을 머릿속에 떠올려보았다. 그는 흰 모자에 나팔바지의 해군 복장을 하고 있었을 것이다. 그리고 선상에서 몇 번이나 마주쳤는지 생각해보았다. 그때 자신은 전투기 조종사였고 그는 선원이었기 때문에 그를 무시하지는 않았을까 하는 생각이 들었다. 플럼은 그 사람 덕분에 살 수 있었지만 그는 그 사람을 알아보지도 못할 뻔했다.

매일 수많은 사람들과 접촉하면서도 우리는 그 사람들에게 별로 신경을 쓰지 않는다. 그들은 우리를 위해 낙하산을 접어주지는 않는다. 하지만 그들은 우리가 타는 자동차의 휠 베어링을 교체해주거나 우리가 먹는 음식을 포장해주고 있다. 우리의 삶에서 그들이 어떤 역할을 하든지 간에 우리는 그들을 존중하고 존경해야 한다.

만나는 모든 사람들에게
마음을 열어라

우리가 애써 눈길을 피하는 노숙자는 참전용사일 수도 있고 정신병이나 다른 질병으로 고통받는 사람일 수도 있다. 공장에서 일하는 외국인 노동자도 미국이라는 나라에 오기 전에는 의사나 변호사 또는 엔지니어였을 수 있다.

열린 마음을 갖는다면 모든 사람이 비즈니스와 인생에 대하여 가르쳐줄 무언가를 갖고 있음을 발견할 것이다. 물론 근무시간에 걸려오는 텔레마케터의 말에 귀를 기울이라는 의미는 아니다. 그러나 마음을 열고 다른 사람의 생각과 관점을 받아들일 수 있어야 한다.

성공하는 사람들은 지위고하를 떠나 모든 사람에게 배울 준비가 되어 있다. 나 역시 장군들과 정부 고위층 인사들에게 조언을 한 경험이 있다. 그들 대부분은 특정 이슈에 대한 나의 분석에 귀를 기울였고 나에게 뭔가를 얻을 게 있다고 여겼다. 나 역시 하급 장교들뿐만 아니라 신병들에게서도 많은 것을 배웠다.

하지만 배울 게 없다고 생각하는 사람은 언제나 있기 마련이다. 부디 그런 사람이 되지 않기를 바란다.

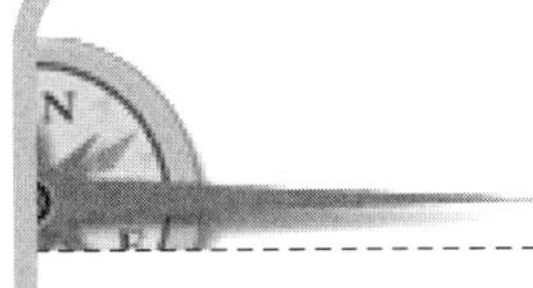

만나는 모든 사람을 존경심을 갖고 대하라. 그들이 누구이고, 어떻게 살아왔고, 여러분의 삶에 어떤 도움을 줄지 알 수 없기 때문이다. 그 사람은 전쟁 영웅일 수도 있고, 여러 사정으로 입국한 외국인 노동자일 수도 있다. 누구라도 여러분이 배움을 얻을 수 있는 교훈을 갖고 있다. 그것은 겸손이나 유머일 수도 있고 지혜의 보석일 수도 있다. 자신의 삶을 변화시킬 수 있는 아이디어나 생각이 어디에서 올지는 알 수 없다.

우리는 만나는 사람들을 어떻게 대하는가. 친절하게 인사를 건네는가? 아니면 무시하는가? 우리는 주위 사람들에게서 배울 수 있는 기회를 너무 자주 놓치고 있다. 첫인상만으로 혹은 불확실한 소문에 근거해서 사람을 너무 쉽게 판단해버리기 때문이다. 비록 다른 사람이 여러분과 외모가 다르고 언어가 다르고, 가난해 보일지라도 그들에겐 여러분이 배울 수 있는 경험의 부가 반드시 있을 것이다.

나쁜 상황도 순식간에 좋게 변할 수 있다

랍비 나흐만은 이렇게 말했다. "아주 좋지 않은 상황이 순식간에 최고로 좋은 상황으로 변할 수 있다." 성공하는 모든 사람들은 낙천적이다. 상황이 나쁠 때에도 그들은 어느 순간에 상황이 더 좋아질 것이라고 생각한다.

여덟 살짜리 꼬마 둘이 주인공으로 등장하는 이야기가 있다. 한 아이는 아주 낙천적이었고 다른 한 명은 너무 염세적이었다. 아이들은 저명한 심리학자와 만나기로 약속이 되어 있었다. 그는 극단적인 성격을 가진 아이들을 치료하는 전문가였다. 심리학자는 치료의 일환으로 2개의 방을 이용했다. 방 하나는 비디오 게임과 장난감으로 가득 차 있었고, 다른 방은 말똥이 무릎 높이까지 차 있었다. 심리학자는 장난감으로 가득 찬 방에 염세적인 성격의 아이를 들여보냈고, 말똥이 가득한 방에는 낙천적인 성격의 아이를 들여보냈다. 2시간 후 심리학자는 장난감 방으로 들어가 아이에게 재미있었는지 물었다.

"아뇨. 장난감 안 갖고 놀았어요."

"왜 그랬니? 이렇게 장난감이 많은데 말이야. 혹시 네가 좋아하는 장난감이 없었니?"

아이는 고개를 숙인 채 바닥을 툭툭 차며 말했다.

"장난감들을 잘못 갖고 놀면 부서지잖아요."

심리학자는 그 방을 나와 낙천적인 성격의 아이가 있는 방으로 갔다. 아이는 두 손으로 즐겁게 말똥을 퍼내고 있었다.

"얘야, 지금 뭐하니?"

아이는 하던 일을 멈추고 심리학자를 쳐다보며 말했다.

"말똥을 보니까 어딘가 조랑말이 있을 것 같아서 찾고 있었어요."

성공은 행운 이상의 것을 필요로 한다

컵이 반쯤 비어 있다고 보는 사람은 곧 마실 물이 모두 없어질 것이라고 믿는다. 성공하는 사람들은 어느 순간에 행운이 자신에게 돌아올 것이라고 믿는다. 그들은 새뮤얼 골드윈의 말에 동의할 것이다. "더욱 열심히 일할수록 더 많은 행운을 얻게 된다."

행운에 대하여 이야기할 때마다 폴 뉴먼은 「내일을 향해 쏴라」의 감독인 조지 로이 힐이 자신에게 해준 충고를 언급하곤 한다. 자신의 성공은 행운이었다고 뉴먼이 말했을 때, 힐은 이렇게 말했다. "그렇지 않다네. 행운도 기술이라네. 행운은 늘 우리 곁을 스쳐 지나가지만 대부분의 사람들은 그걸 알아차리지 못하고 있을 뿐이지." 이 충고를 듣고 뉴먼은 깨달았다. '운을 망칠 수도 있고 늦출 수도 있고 그것과 씨름할 수도 있다. 심지어는 운을 따라잡을 수도 있다.'

하지만 성공을 이루기 위해서는 행운이나 열심히 일하는 것 이상의 무엇이 필요하다. 개업한 지 얼마 안 돼 문을 닫는 레스토랑이 도처에 있다. 가끔은 어느 특정 지역의 레스토랑들이 줄줄이 문을 닫기도 한다. 그 레스토랑의 사장들은 열심히 일했지만 어쩔 수가 없었다. 운이 없어서 문을 닫은 것인가? 아니다. 아마도 장소를 잘못 선택했거나 주방장을 잘못 채용했거나 아니면 그 레스토랑의 음식과 서비스가 수많은 다른 레스토랑과 별반 차이가 없었기 때문일 것이다.

열심히 일만 한다고 해서 성공이 보장되는 것은 아니다. 보다 획기적이고 훌륭한 아이디어가 필요하다. 자신이 운영하는 레스토랑에 손님들이 오지 않는다면 다른 방법을 찾아보라. 성공하는 사람들은 비즈니스와 서비스 또는 제품을 개선하기 위해 항상 새로운 아이디어와 새로운 접근 방법을 찾아내려 애쓴다.

알렉산더 그레이엄 벨은 이런 말을 했다. "하나의 문이 닫히면 또 다른 문이 열린다. 그러나 우리는 회한에 잠겨 닫혀진 문을 너무나 오래 바라보고 있다. 그 때문에 우리 앞에 열려 있는 또 다른 문을 보지 못한다."

공군장교 출신의 첫 여성 의원인 헤더 윌슨은 이렇게 말했다. "우리가 문이 있다는 사실조차 모른다 해도 어쨌든 문은 나타날 것이다." 그러니까 여러분은 절대로 포기하지 마라!

낙천주의자이면서
현실주의자가 될 수 있다

낙천적인 사고와 희망을 갖는 것이 중요하지만 무엇보다도 우리는 현실주의자가 되어야 한다. 제임스 스톡데일은 『좋은 기업을 넘어 위대한 기업으로』의 저자 짐 콜린스에게 그 점을 강조했다. 그는 낙천주의자들이 전쟁 포로 수용소에서 살아남지 못했다고 지적했다. 그는 포로 수용소에서 8년 동안이나 갇혀 지냈다. 낙천주의자들은 돌아오는 크리스마스나 국경일에는 수용소에서 나갈 수 있을 것이라고 기대했다. 그러나 그날이 되어도 아무런 소식이 없자 그들은 비탄에 빠져 끝내 죽음에 이르렀다. 스톡데일은 신념을 버릴 수 없다 해도 자신이 처한 현실을 무시해선 안 된다고 콜린스에게 말했다.

레이건 대통령은 세상에서 가장 낙천적인 사람 중 한 명이었다. 콜린 파월에 따르면, 레이건의 낙천주의는 그가 이끄는 내각에도 긍정적인 영향을 미쳤다고 한다. 심지어 조지 슐츠도 자신의 찌무룩한 이미지를 바꾸기 위해 열심히 노력했고 레이건의 낙천주의 정신을 받아들였다. 파월은 낙천주의가 힘을 배가시킨다고 믿었다. 주위 사람들에게도 낙천적인 태도를 고취시켜주기 때문이다. 그러나 냉소주의적 시각과 부정적인 태도는 주위 사람들의 사기를 꺾어버리기 때문에 힘을 위축시킨다고 생각했다.

삶을 살아가면서 희망이 보이지 않는 순간들을 여러 차례 경험할 수 있을 것이다. 직장을 잃을 수도 있고 사업이 곤경에 처할 수도 있다. 또는 이혼을 목전에 두고 있거나 진정으로 사랑하는 누군가를 잃었을 수도 있다. 성공하는 사람들은 그런 냉혹하고 암담한 순간들을 빠르게 극복하고 앞을 향해 나아간다.

플로리다 베로 비치에 사는 82세의 노인인 테드 브라이언이 그 전형적인 예이다. 볼링 열광자인 브라이언은 어느 날 갑자기 뇌졸중으로 쓰러졌다. 80대의 볼링 선수는 그날 이후 좋아하던 운동을 포기했을까? 그렇지 않다. 뇌졸중으로 쓰러진 지 17일이 지난 후, 브라이언은 일시적인 언어장애와 오른팔 마비 증세를 이겨내고 다시 레인으로 돌아왔다. 그리고 퍼펙트를 쳤다. 82세의 노인으로서 정말 대단한 일이 아닌가! 노인의 빠른 회복도 놀라웠지만, 퍼펙트를 기록한 것은 더욱 놀라운 일이었다.

자신의 미래가 한치 앞도 보이지 않는 어둠 속에 갇혀 있을 때조차 어쩌면 행운이 저 편에서 손짓을 하고 있을지도 모른다. 여러분이 고개를 푹 숙이고 있다면 행운은 여러분 옆을 그냥 스쳐지나가 버릴 수 있다. 그러나 여러분이 똑바로 앞을 쳐다본다면 행운을 받아들일 준비가 된 것이다.

많은 사람들은 자기 앞에 있는 문이 닫혀 있을 때 그냥 포기하고 돌아선다. 정말로 그 문이 잠겨 있는지 손잡이를 돌려서 확인하지 않는 것이다. 성공하는 사람들은 낙천적이다. 그들은 지난 일이나 부정적인 것에 집착하지 않는다. 그들은 상황이 좋아질 것이라고 긍정적으로 생각하면서 희망을 간직한다. 낙천주의는 아이디어가 싹트게 하는 자양분이며, 아이디어를 길러낼 올바른 태도와 마음가짐을 갖게 한다. 그리고 그 싹들이 열매를 맺는 것을 보도록 개인적인 동기를 부여한다.

정도를 걷는 것이 가장 빠르다

비즈니스나 다른 사안들을 평가할 때 나는 옆에서 뭐라고 하더라도 신경 쓰지 않는다. 철저하게 조사하고 데이터를 분석하여 결과물을 내놓을 뿐이다. 나는 이러한 접근 태도로 2001년 9월 11일 이후 발생한 탄저균 테러를 분석했고, 중국의 대공방어 시스템과 쿠바가 지원한 라틴 아메리카의 반정부 운동을 분석했다. 그리고 마약조직의 확대 및 그들과 게릴라 활동과의 연계를 분석했다. 이러한 분석 스타일은 스털링 파이낸셜 그룹에서도 그대로 사용되고 있다. 우리 회사는 건강 관리와 생명과학 분야의 리서치 회사로서 좋은 평판을 얻고 있으며, 편향되지 않은 리서치 자료를 발행하는 것을 자랑스럽게 생각한다. 또한 우리는 해당 기업에 대한 조사를 한 뒤에 결과가 어떻게 나오든 간에 오직 진실만을 보고한다.

이러한 태도는 금융 서비스와 투자은행 업계에서는 좀처럼 드문 일이다. 왜냐하면 기업들을 리서치하고 그 결과를 발표하는 투자금융 회사들은 리서치 결과에 이해관계를 갖고 있기 때문이다. 결과적으로 과장된 리서치 결과는 매수 쪽으로 분위기를 몰아가고 해당 기업에 유리하게 작용한다. 과장된 리서치 보고서 때문에 특정 회사의 주가가 유지되거나 더 오를 수 있는 것이다. 리서치가 편향되면 엔론, 월드컴, 임클론 같은 부실기업에 대해서조차 좋은 평가를 내리게 된다. 우리가 보아왔듯이 그 회사들의 주가는 과도하게 부풀려졌다. 그 결과 진실이 은폐되었고 그 회사들이 시장에서 차지하는 위치에 대한 실제 사실이 왜곡되었다. 결국 거짓 리서치 결과는 해당 기업의 몰락에 직접적으로 기여하였고 연금이나 퇴직금으로 소비자들에게 돌아가야 할 수십억 달러를 날려버렸다. 문자 그대로 수백만 명의 저축이 한순간에 날아가고 퇴직연금도 바닥나버린 것이다.

그 대안은 투자금융 회사에서 매도 추천목록을 발표하는 것이다. 그러나 일반적으로 투자금융 회사가 매도 추천목록을 발표하는 것에 대해서는 거부감이 있다. 매도 추천목록을 발표하면 그 회사의 주가에 타격을 입히게 되고, 이는 그 회사 주식을 보유한 투자은행의 실적에도 영향을 미치기 때문이다.

월스트리트에서 매도 추천은 모든 리서치 추천 중 0.5퍼센트만을 차지한다. 하지만 우리 회사는 거리낌없이 매도 추천목록을 발표한다. 그래서 우리는 시장의 몇몇 그룹들에게 별로 인기가 없다. 지난 4년간 우리 회사의 실적은 아주 좋았다. 우리는 현재 미국에서 가장 규모가 큰 뮤추얼펀드와 헤지펀드에서 활동하고 있는 300여 명의 매니저들을 고객으로 보유하고 있다. 이처럼 방대한 고객 리스트 덕분에 우리가 특정 기업에 대한 매도 의견을 내놓으면 그 기업의 주가가 15퍼센트나 떨어진 적도 있다. 그러면 해당 기업은 우리의 분석을 즉각 반박하거나 증권협회에 제소하겠다며 위협도 한다. 하지만 우리는 결코 그러한 위협에 굴복하지 않는다. 2002년 한 해 동안 스털링 파이낸셜은 조사 대상 기업의 50퍼센트에 대해 매도 의견을 발표했다.

마사 스튜어트가 자기 소유의 임클론 주식을 팔아서 내부자 거래 혐의로 고발되기 훨씬 이전에, 스털링 파이낸셜은 임클론 관련 보고서를 모두 검토했고 그 분야 전문가의 조언을 들었다. 그리고 우리는 그 회사의 미래에 대해서 아주 다른 입장을 취했다. 우리는 월스트리트에서 그 기업에 대한 매도 의견을 발표한 최초의 메이저급 투자금융 회사가 되었다.

나쁜 소식 전하는 것을
두려워하지 마라

앞에서 언급했듯이 나는 전 교육부장관이자 마약퇴치 담당 국장인 빌 베닛을 보좌하여 마약통제 전략의 기초를 마련했다. 그 전략은 미국 내의 마약 확산에 맞서 싸우기 위한 종합적인 청사진이었다. 보고서에서는 냉정하고도 곤란한 사실을 적시하여 그로 인해 어려움을 겪을 수도 있었지만 마약이 미치는 문제의 중요성을 결코 축소하지는 않았다.

나는 빌 베닛 밑에서 일하는 게 좋았다. 왜냐하면 그는 매사에 솔선수범하는 사람이었기 때문이다. 베닛은 특정한 문제에 관해 최대한 연구를 하고 나서 입장이 다른 사람들과는 맞서 싸워야 한다고 했다. 자신의 견해가 그다지 대단치 않아 보여도 주저하지 말고 진실을 말해야 한다. 그는 사람들이 현명해서 진실을 접한다면 올바른 선택을 내릴 수 있을 거라고 믿었다. 또한 사람들이 당황하지 않고 문제의 중요성을 이해할 능력이 있다고 믿었다.

베닛은 정치적인 이해관계를 떠나 실행에 옮기는 사람이었다. 마약 퇴치 담당 국장이 되고 나서 그는 중요한 쟁점 법안인 총기류 소지 금지법안을 제출했고, 그로 인해 한바탕 소동이 벌어졌다. 베닛은 사람들의 관심을 끄는 법을 잘 알고 있었다. 그는 또한 마약조직이 판을 치고 있는 워싱턴 D.C에서 마약과의 전쟁을 선포하는 것은 위선이라고 생각했다. 그는 수도 워싱턴의 마약 문제에 대처하기 위해 1억 5000만 달러가 소요되는 정책을 주도했다.

우리와 마찬가지로 베닛 역시 완벽한 인간이 아니다. 그는 오래전에 도박을 즐긴다고 공개적으로 시인한 적이 있다. 그는 위선자가 아니다. 베닛은 마약퇴치 담당 국장이 되었을 때 하루 2갑 반씩 피우던 담배를 끊었다. 최근 언론에서 베닛이 도박을 했다고 보도하자 그는 사실을 숨기려 하지 않고 정면으로 맞섰다. 그는 그 당시는 자신이 공무원 신분도 아니었고 법을 어기지도 않았지만, 도박은 나쁜 것이므로 자신에게 문제가 있다고 솔직하게 인정했다. 그리고 도박을 끊겠다고 공개적으로 약속했다. 공직 생활에서의 도덕적 기준을 높이고, 아이들에게 옳고 그름의 차이를 가르치고자 하는 베닛의 노력은 조금도 약화되지 않고 있다.

항상 진실만을 말하라. 비즈니스 관계나 인간관계에서, 그것이 좋은 소식이든 나쁜 소식이든 사람들에게 정직하라. 그로 인해 상대가 상처를 입을 수도 있지만, 여러분의 말이 진실이라면 그들은 결국 여러분의 정직한 태도를 존중할 것이다. 진실한 행동은 신뢰를 가져다준다. 여러분이 왜 그런 결정을 내렸는지를 상대가 이해한다면, 설령 마음에 들진 않더라도 그들은 여러분의 결정을 기꺼이 받아들일 것이다. 직장이나 가정에서 어떤 결정을 내릴 때, 이러한 접근 방법을 적용해보라. 사람들은 여러분의 판단을 높이 평가하고 여러분에게 조언을 구하려 할 것이다.

독서는 성공 자석이다

파나마에서 성장하던 시절에 아버지는 우리에게 역사책을 읽어주곤 하셨다. 아버지는 의사였지만 대부분의 미국 사람들보다 미국 정치와 정부에 대해서 해박하신 분이었다. 아버지의 절친한 친구이자 파나마의 지도자인 오마르 토리호스 장군은 자주 아버지께 정치적 자문을 구했다. 아버지는 토리호스 장군과 지미 카터 대통령이 파나마 운하 반환 문제로 협상 중일 때 장군 편에 서 있었다.

전 미 남부 사령관인 갤빈 장군은 매주 한두 권의 책을 읽었다. 장군은 성공한 사람들의 전기나 관심이 있는 주제를 다룬 책을 선호했다. 만약 우리가 페루로 향한다면, 장군은 그 나라에서 가장 유명한 작가의 책을 미리 읽을 것이다. 그러면 장군은 우리가 작전을 수행하기 전에 그 나라의 문화에 대해서 가능한 한 많이 알게 될 것이고, 스페인어도 몇 마디 배울 것이다.

　장군은 효율적으로 독서하는 방법을 내게 가르쳐주었다. 그는 반드시 한 손에 펜을 들고 책을 읽어야 한다고 역설했다. 책을 다 읽고 나서 제대로 이해했다고 생각되면 그 내용을 책 뒤에 요약해두어야 한다. 그렇게 하면 책 내용을 쉽게 떠올릴 수 있고, 또 각각의 요약 부분에 해당 페이지를 적어두면 책에서 필요한 부분을 쉽게 찾아볼 수 있다.

독서는 자신감과 자존심을 강화시킨다

독서를 통해 얻은 지식은 자신감과 자존심을 강화하는데 도움을 준다. 나는 책뿐만 아니라 특정 이슈에 대한 거의 모든 자료를 섭렵함으로써 성공에 한 발짝 더 다가설 수 있었다. 스물넷의 햇병아리 소위 시절, 나는 정부 관료와 4성 장군들을 위해 여러 이슈들에 대한 분석 자료를 만들었다. 군사 분석가로서의 내 임무는 매일 아침 군사 보고서를 읽고 그 내용을 정리해서 장군의 보좌관에게 제출하는 것이었다. 나는 분석 자료를 준비하면서 대부분의 분석가들이 하는 것처럼 군사 보고서만을 보지 않았다. 한 사안에 관련된 거의 모든 자료를 찾아서 읽었을 뿐만 아니라 언론사에 전화해서 자문을 구하기도 했다. 그 누구보다도 특정 군사 문제에 대해 더 많은 자료를 읽었기 때문에 상관들은 내 보고에 귀를 기울일 수밖에 없었다. 그들은 내가 모든 이용 가능한 정보들에 기초해 사안을 철저하게 분석했다는 것을 알고 있었다. 독서는 내 조언에 신뢰성을 높여주었다.

　나는 1983년에 중국의 대공 방어능력과 그 대응 조치에 대해서 분석했다. 1984년에는 제3세계 국가의 부채 문제를 분석했고, 1985년과 86년에는 라틴아메리카에서의 게릴라 전쟁과 테러리즘에 대해서 분석했다. 백악관 연구원 시절에는 마약 대응 방안에 대해서도 분석했다. 분석에 앞서 나는 거의 모든 관련 자료를 꼼꼼히 읽었다. 나는 투자 분석을 할 때에도 해당 회사에 대한 관련 문서를 모두 찾아 읽고 있으며 인터넷상에 떠다니는 방대한 정보 또한 놓치지 않는다.

　군 사령관이자 미국 대통령이었던 에이브러햄 링컨 역시 독서와 지식의 중요성을 믿고 있었다. 링컨은 제대로 된 교육을 받지 못했지만 틈만 나면 책을 읽었다. 그는 독서를 통해 자존심을 높일 수 있었다. 독서는 노예제도 폐지 문제를 놓고 스티븐 더글러스와 맞설 수 있는 자신감을 주었고, 남북전쟁 동안 휘하 장군들을 통솔하는 데 필요한 지식을 제공했다. 역사가 윌리엄 밀러에 따르면, 링컨은 평생을 배우는 자세로 살았다고 한다. 링컨은 인디애나 주의 변두리인 리틀 피전 크리크에서 자랐다. 그곳 사람들 중에는 글을 읽을 줄 아는 사람이 별로 없었다. 그러나 링컨은 먼지 길을 지나다닐 때에도 한 손에는 늘 책을 들고 있었다.

　링컨은 울타리를 치거나 농장 일을 할 때도, 가게 점원이나 우체부 노릇을 할 때도 쉬는 시간이면 언제나 책을 읽었다. 대통령이 된 후로는 군대 역사에 관한 책을 즐겨 읽었다. 링컨은 자신을 강철에 비유하며 이렇게 말했다. "나는 아무리 긁혀도 상처 하나 없는 강철과 같습니다. 여러분도 자신을 갈고 닦으면 상처 나지 않는 강철이 될 것입니다."

평생학습은 비즈니스에 필수적이다

무슨 사업을 하든 모든 직원에게서 배운다는 자세를 가져야 한다. 월마트의 창시자인 샘 월튼은 이렇게 말했다. "우리의 최고 아이디어들은 모두 매장 점원과 재고 관리자들로부터 나왔습니다." 월튼은 직원들의 충고 덕분에 미국에서 가장 부유한 사람 중 하나가 되었고, 직원들은 월튼의 혁신적인 이익배분 프로그램 덕분에 풍족하게 살 수 있었다.

『기업이 원하는 변화의 리더』의 저자이자 하버드 경영대학원 교수인 존 코터에 의하면, 21세기 기업을 창조하고 유지하는 데 있어 가장 중요한 열쇠는 최고경영자의 리더십이다. 그리고 21세기 기업의 리더들은 평생학습을 통해서 자신의 능력을 개발한다. 이들은 시작부터 모든 것을 갖추고 경쟁하지는 않지만 라이벌보다 더 빠르게 성장한다. 그들은 항상 리더가 되기 위해 배운다.

전 사우스웨스트항공 회장인 허브 켈러허는 평생학습을 강력하게 지지해온 사람이다. 사우스웨스트의 주요 사업 분야에는 훈련 부서가 따로 설치되어 있다. 사우스웨스트의 '인사부'는 직원들의 능력 개발을 위해 수많은 강좌를 개설했는데, 그 프로그램은 '직원 대학'이라고 불린다.

존 코터는 평생 배우려고 노력하는 사람들은 높은 기준과 야심찬 목표, 그리고 진정한 의미의 사명을 갖고 있다고 말했다. 즉 목표와 열망이 그들을 고무하고 격려한다는 것이다. 그들은 자신들의 성취를 겸허한 태도로 받아들인다. 그들의 사명은 어릴 적에 개발되기도 하며, 때로는 성인이 되었을 때 나타나기도 한다. 그들의 열망은 그들이 자기만

족에 빠지는 것을 막아준다.

바빠서 못 배운다는 말은 변명일 뿐이다

평생학습은 세상에서 일어나는 일들을 더 잘 알게 되고 시간을 더 잘 활용하는 것을 의미한다. 출퇴근 길에 지하철 안에서 책을 읽어라. 리모컨으로 채널을 이리저리 돌리거나 한 번 본 드라마를 보고 또 보지 말고 FOX, CNN, MSNBC, 디스커버리 또는 TV의 시사경제 프로나 다큐멘터리를 보라. 헬스클럽에서 운동할 때는 어학 테이프를 들어라.

직장에서 휴식시간에 여럿이 모여 잡담이나 불평을 늘어놓지 말고 무엇인가 새롭고 가치 있는 일을 하라. 다양한 경험을 가진 동료와 이야기를 나누면서 자신이 경험하지 못한 것들을 배우도록 하라. 이런 대화를 통해 많은 간접적인 경험을 할 수 있다.

나이가 들더라도 계속 배울 수 있다. 많은 퇴직자들은 대학 근처에서 생활하기도 한다. 그 이유는 대학교에서 평생교육 과정을 수강할 수 있기 때문이다. 나이가 들어도 그들에겐 지식에 대한 갈망이 있기 때문에 보다 활기찬 인생을 살아갈 수 있다. AARP 출판사의 연구에 따르면, 10명의 베이비붐 세대 중에서 6명은 항상 새로운 것을 배우기 위해 노력한다고 한다.

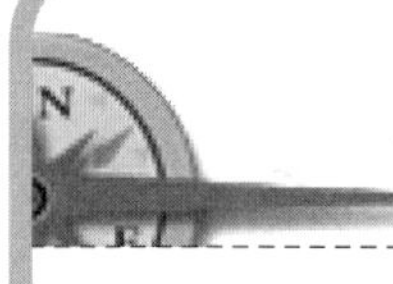

위대한 리더들은 모두 왕성한 독서가들이다. 그들은 배우는 것을 좋아하고 지적 호기심이 강하다. 독서는 누구에게나 놀라운 힘을 제공한다. 여러분이 무슨 일을 하든 상관없이 독서는 자신감과 자존심을 높여준다. 독서는 어떠한 상황에서 어느 누구와도 대화를 나눌 수 있게 해준다. 여러분은 주어진 시간을 더욱 창조적으로 사용해 지식을 확장시켜야 한다.

배우는 것을 즐기는 사람들은 새로운 아이디어에 개방적이다. 그들은 변화를 거부하지 않는다. 그들은 무언가를 새로운 방법으로 끊임없이 시도한다. 벤 프랭클린의 지적 호기심은 그가 발명가, 출판인, 정치가가 되는 데 도움을 주었다. 프랭클린은 이렇게 말했다. "지식에 대한 투자는 최상의 이윤이 나는 투자이다." 내가 알고 있는 모든 성공한 사람들은 지적 호기심이 대단하다. 그들은 하이메 에스칼란테가 '지식에 대한 열망' 이라고 칭한 것을 지니고 있는 사람들이다.

원칙은 실패하지 않는다

스티브 포셋은 억만장자임에도 불구하고 오랫동안 실패자로 간주되었다. 수년 동안 포셋은 열기구를 타고 단독으로 세계일주에 도전한 최초의 인물이 되려는 시도를 했다. 58세의 스티브는 다섯 차례나 실패했고 거의 죽을 뻔했던 적도 있다. 1998년 첫 번째 비행에선 기구가 뇌우에 터져 호주 해안에서 500마일 떨어진 산호해에 떨어지기도 했다.

여섯 번의 시도 끝에 포셋은 마침내 단독으로 열기구를 타고 세계일주를 하는 데 성공했다. 그는 13일 반나절 동안 1만 9000마일 이상을 열기구를 타고 날아다녔다. 포셋은 고막을 뚫는 천둥소리에도 살아남았으며, 영하 50도에 이르는 강추위도 견뎌냈다. 그는 감방만한 크기의 공간에서 잠을 자고 MRE라고 부르는 비상용 음식을 먹으며 양동이를 화장실로 사용했다.

포셋은 실패를 통해 배웠기 때문에 목표를 달성할 수 있었다. 성공하지 못했던 각각의 시도는 그가 다르게 행하는 데 필요한 새로운 것들을 가르쳤다. 그는 열기구의 디자인을 보완하고 개선된 일기예보 시스템의 도움을 받았다. 그러나 포셋은 한 번의 성공에 안주하지 않는다. 그의 다음 도전은 글라이더를 타고 남부 뉴질랜드 상공 6만 피트에서 비행하는 것이다. 「실패하며 전진하기」의 저자인 존 맥스웰은 이렇게 말했다. "보통 사람과 성공한 사람의 차이점은 실패에 대한 인식과 대응이다."

실패는 보는 사람에 달려 있다

맥스웰이 「실패하며 전진하기」에서 말한 대로, 실패는 보는 이에 달려 있다. 스티븐 스필버그의 최신 영화 「탱크 앤드 배얼리(Tanks and Barely)」가 투자 자금을 회수하는 정도에 그친 것에 대해 생각해보자. 스필버그는 실패한 것인가? 그렇지 않다.

성공과 실패에 대한 사람들의 인식은 모두 다르다. 어떤 영화감독은 자신의 영화가 박스오피스에서 1억 달러 정도의 수입밖에 올리지 못했기 때문에 실패했다고 간주한다. 그러나 간신히 손익분기점을 달성한 다른 감독은 그와 같은 실패한 영화를 만들고 싶어할 것이다. 광고에 출연하는 배우들은 어떨까? 영화에서 한 번도 주연을 맡은 적이 없다고 해서 그 배우를 실패자라고 단정할 수 있을까?

배우 지망생들이 보기에, 그는 TV를 통해서 꽤 알려진 인물이며 나름대로 열심히 일하고 돈도 많이 벌고 있다. 따라서 그 사람은 진정으로 성공한 인물이라고 볼 수 있다. 책이 성공했는지 실패했는지는 누가 결정하는가? 비평가인가 아니면 일반 대중인가? 심지어 책이 잘 팔리지 않을지라도 자신의 원고가 책으로 나온 것만으로도 감격해 하는 많은 작가 지망생들을 생각해보라.

대기업에 근무하는 어느 임원을 한번 살펴보자. 그는 20년 전에 회사에 입사해서 고위직까지 올랐지만 자신이 원하던 CEO는 되지 못했다. 그렇다면 그 사람은 실패자인가? 결국 모든 것은 실패에 대한 여러분의 인식과 그에 대한 반응에 달려 있다. 실패하면서 후퇴하는 것은 부정적인 것이다. 하지만 실패하면서 전진하는 것은 성취자들이 목표를 향해서 나아가는 방식이다. 전설적인 홈런 타자인 베이브 루스는 이렇게 말했다. "스트라이크 아웃에 대한 두려움이 앞길을 가로막지 않게 하라."

성공한 사람은 같은 실수를 반복하지 않는다

결혼이나 비즈니스 또는 인생에서 성공하는 사람들은 실수를 되풀이하지 않는다. 그들은 실패를 통해서 배우고 자신들이 배운 내용에 기초하여 보다 나은 결정을 내린다.

나는 이류급 직원을 재고용하는 업체들을 보아왔다. 왜냐하면 그 회사는 빈자리를 채울 사람이 절실히 필요하거나 새로운 누군가를 채용해 훈련시키기를 원치 않기 때문이다. 즉 그들은 더 나은 직원을 찾고

자 하는 열정이나 자신감이 없기 때문에 최선이 아닌 직원을 마지못해 선택하는 것이다.

『성공은 여정이다』의 저자인 제프리 J. 마이어에 따르면, 성공한 사람들은 자신의 실수를 인정하는 용기가 있다고 한다. 그들은 실수나 잘못된 결정을 옹호하기 위해 시간과 자원을 낭비하지 않는다. 스톡데일 제독은, 성공하는 사람들은 스스로를 항상 개선시켜 나가기 때문에 같은 실수를 반복하지 않는다고 믿는다. 그들은 끊임없는 자기 개선을 통해 얻은 지식으로 무장하고 앞을 향해 나아간다. 존 맥스웰은 다음과 같이 말했다. "성공하고 싶다면 무엇인가를 더욱 열심히 시도하라."

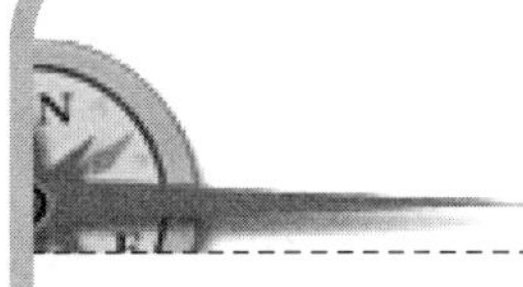

열기구를 타고 세계 여행을 하거나 중요한 프로젝트를 추진할 때, 실패를 두려워한다면 비상한 성공을 성취할 수 없을 것이다. 여러분의 사전에서 '실패'라는 단어를 없애라. 그리고 실패를 실수와 동일하게 간주하라. 실수는 성공으로 향하는 여정에서 일시적 후퇴일뿐이다. 실수로부터 배우는 한, 그것을 소중한 경험으로 만들 수 있다. 성공으로 가는 길에서 간혹 넘어질 수도 있다. 그러나 다시 일어나 먼지를 털고 계속 가다 보면 결국에는 성공에 이르게 될 것이다.

성공하는 사람들도 실수를 한다. 그것은 주로 새롭고 획기적인 목표에 도전하는 과정에서 나타난다. 차이가 있다면, 성공하는 사람들은 실수를 통해 배우고 끝내 성공한다는 것이다.

실패를 통제하는 열쇠는 같은 실수를 반복하지 않는 것이다. 너무 많은 사람들은 실수를 한 것에 대해 자책하거나 마음이 약해진다. 최악의 경우 낙심을 하고 목표를 포기하기까지 한다. 중요한 것은 현재 여러분이 어디에 있으며 실패의 경험으로부터 무엇을 얻느냐 하는 것이다. 성공한 사람들은 비록 남보다 뒤처져 있을지라도 계속해서 자신의 목표 달성에 집중한다.

변화를 즐겨라

네브라스카 주 오마하에서 나는 중국과 러시아에 설치된 1만여 기의 지대공 미사일을 추적하는 정보분석 장교로 복무했다. 우리의 B52 폭격기가 격추되는 것을 방지하기 위해 미사일 위치를 추적하는 일은 아주 중요했다.

우리의 임무는 신호를 포착하여 미사일의 위치를 정확히 알아내는 것이었다. 레이더에 잡히는 새로운 신호는 미사일의 존재를 나타내기 때문에 미국과 동맹국들에게 위험을 알리는 신호이다. 처음 그 부대로 배속되었을 때 나는 레이더를 담당하는 사병들과 함께 회의를 가졌다. 나는 사병들이 담당한 임무를 자세히 알고 싶었다. 그러면 사병들이 보다 효율적으로 일할 수 있도록 도울 수 있기 때문이다. 나는 리더나 매니저가 자신들이 감독하는 업무 자체에 대해 알 필요가 없다는 주장에 동의하지 않는다. 나는 그들이 실제로 업무를 수행해보는 것이 중요하다고 생각한다. 오마하로 배속된 이후 두 달 동안 나는 사병들의 복잡한 임무 사항을 자세히 이해하기 위해 그들과 나란히 앉아 일했다.

사병들이 하루 종일 수행하는 작업은 상당히 지루한 일이었다. 내가 처음 도착했을 때 부대 내에서는 음악조차 들을 수 없었다. 보안을 요하는 아주 민감한 정보를 다루기 때문이었다. 나는 보안 담당에게 녹음 기능이 없는 카세트 플레이어의 사용을 허가받았다. 그때부터 사병들은 긴 근무시간 동안 음악을 들으며 일할 수 있었다.

나는 사병들의 동기 유발을 목적으로 음악을 이용했다. 한 주 동안 누가 신호를 제일 많이 잡아내는지 시합을 해서 1등을 차지한 사람이 다음 한 주 동안의 음악을 선곡하도록 했다. 자기가 좋아하는 음악을 골라 듣거나 싫어하는 음악을 듣지 않기 위해 부대원들은 이전보다 신호를 훨씬 많이 잡아내는 성과를 거두었다.

내가 부대에 오기 전에는 미사일 추적 신호가 얼마나 많은지 아무도 몰랐다. 그리고 사병들의 근무시간은 오후 5시부터 자정까지였다. 그런데 근무시간에 음악을 들음으로써 부대원들은 정신을 재무장할 수 있었고, 음악 선곡을 하기 위해 경쟁심을 발동시켰다. 그 결과 우리는 미추적 신호를 1만 개에서 5000개로 확 줄였다.

나는 사병들에게 또 다른 인센티브를 제공했다. '새로운' 신호를 보고하면 근무시간이 끝나지 않았더라도 바로 퇴근할 수 있도록 조치한 것이다. 그날 이후로 사병들은 휴식시간에도 쉬지 않고 각자에게 주어진 업무를 신속하게 수행했다. 그러다 보니 많은 사람들이 오후 2시 전에 일을 마치곤 했다. 그로부터 한 달이 지난 후, 사병들은 미추적 신호 5000개를 모두 밝혀내기에 이르렀다.

우리는 미추적 신호를 모두 밝혀낸 것을 치하하는 편지를 수차례 받았다. 그러던 어느 날 3성 장군으로부터 그날 오후 7시에 우리 부대를 직접 방문하겠다는 연락을 받았다. 그러나 포착된 신호를 이미 보고한 사병들은 전부 집으로 돌아간 뒤였다. 운 없는 상사 한 명만 남아 당직을 서고 있었을 뿐 부대 내에는 사병들 대신 전자 장비만 가득했다. 상사는 부대를 방문한 장군에게 가르시아 대위가 6시에 모두 퇴근하라는 지시를 내렸다고 전했다.

장군은 나의 이런 독창적인 행동을 달가워하지 않았다. 그는 내가 이끄는 부대원들이 4시간 전에 출근해서 그날 할 일을 일찌감치 끝낸 다음 퇴근했다는 사실에 대해서는 관심이 없었다. 그 일로 인해 나는 부대장에게 불려가서 호된 질책을 받았다. 그는 나를 군법회의에 회부하겠다며 으름장을 놓기도 했다. 그런 일이 있은 후부터 부대원들은 다시 예전의 업무 방식으로 돌아갔고, 미추적 신호의 숫자도 점점 늘어나기 시작했다.

3성 장군은 일개 대위의 가르침을 거부했다. 그는 사병들에게 근무 시간을 자유롭게 선택하도록 하는 가르시아 방식에 대해 아무런 준비가 없었던 것이다. 그때의 일을 계기로 나는 군대의 관료주의 방식이 나와는 맞지 않는다는 사실을 깨달았다. 나는 책임감을 갖고 업무를 수행하고 공동의 목표를 달성하기 위해 노력한 사람들에게 보상을 해줄 수 있는 민간 기업에서 일하길 갈망했다. 만약 내가 군대에 계속 남아 있으려면, 변화에 개방적인 사람들과 함께 일하면서 혁신을 일으킬 수 있는 여건이 마련되어야만 했다.

변화를 피할 수 없다면
주도하라

설립된 지 얼마 안 된 회사조차도 업무 방식에 관행이 존재한다. 직원들은 새로운 기회를 찾기보다는 효과가 있든 없든 간에 기존의 방식을 끝까지 고수하려 한다. 경마장에서 의사결정 과정에 대한 심리학적 조사를 실시한 적이 있다. 조사원들은 마권을 사기 전과 사고 난 후에 사람들의 확신에 어떤 변화가 있는지를 조사했다. 마권을 사러 갈 때 사람들은 자신의 선택에 그다지 확신이 없었다. 그러나 마권을 사고 나서는 확신이 훨씬 강해졌다.

어느 지점에서 일단 결정을 하고 나면 우리는 그 결정이 옳다고 확신하는 경향이 있다. 하지만 우리가 선택한 경주마가 꼴찌를 할 수도 있다. 다른 결정의 경우에도 우리는 한번 내린 결정을 쉽게 바꾸려고 하지 않는다.

비즈니스와 삶에 있어서 변화는 필수적이다. 특히 별다른 진척이 없을 때는 더더욱 변화가 필요하다. 그러나 어떤 결정에 집착하다 보면 변화를 시도하기가 결코 쉽지 않다. 인지부조화 이론에 따르면, 사람들은 자신의 생각이나 입장을 지지하고 지켜주는 자료에는 신뢰를 보이는 반면, 자신의 믿음을 부정하고 다시 생각하게 하거나 변화하게 하는 내용은 무시한다.

『콜린 파월의 리더십 비밀』에서 저자인 오런 해러리는, 파월이 걸어

온 길은 변화 그 자체라고 말한다. 사실 변화는 귀찮은 것일 수도 있다. 훌륭한 리더는 끊임없이 '～하면 어떨까?', '왜 ～하면 안 되지?'라고 의문을 던짐으로써 진취적 기상과 실험정신을 요구하는 문화를 창출해 낸다.

비즈니스 전문가인 에드워즈 부부는 사업을 확장하는 것에 대하여 다음과 같은 3가지 제안을 한다.

첫째, 목표를 정해야 한다. 즉 자신이 성취하고 싶은 목표가 무엇이고, 언제 그 목표를 얻고자 하는지를 분명히 해두어야 한다. 목표가 무엇인지 모른다면 그에 따른 성장 전략을 개발할 수 없다.

둘째, 성장할 준비가 되어 있는지를 확인해야 한다. 모든 비즈니스는 확장을 시도하기 전에 늘어난 규모를 감당할 수 있는 인프라를 구축해야 한다. 이를테면 웹사이트, 수신자 부담 전화, 신용카드 처리 시스템 등이 필요할 것이고 직원들을 더 많이 고용해야 할 수도 있다.

셋째, 강점을 파악해야 한다. 다른 사람들의 비즈니스와 차별화되는 점은 무엇인가? 경쟁자에게 없는 나만의 자산은 무엇인가? 그러한 자산들은 성장 전략에서 핵심적인 역할을 한다. 매일매일 성장 전략에 초점을 맞추되, 그것이 생각한 것만큼 효과가 없을 경우에는 전략을 수정하거나 개선해야 한다.

좋지 않은 상황에 처해 있으면서도 좀처럼 변화를 시도하지 않는 사람들이 있다. 바람직하지 않은 인간관계나 적성에 맞지 않는 직장이 자신을 불행하게 만든다 해도 좀처럼 거기에서 벗어나려고 하지 않는 것이다. 그 이유는 변화를 시도하는 것보다 그대로 머물러 있는 것이 더 쉽기 때문이다.

개인적인 신앙도
바뀔 수 있다

백악관 연구원 동기 모임에서 나는 옆자리에 앉은 사람과 이런저런 이야기를 주고받다가 종교에 관해 논의하게 되었다. 나는 살아오는 동안 몇몇 종교들을 경험한 적이 있고, 당시 이런저런 이유로 가톨릭에서 멀어지고 있었다. 나는 그와 이야기를 나누면서 그의 종교철학에 완전히 동의하게 되었다. 알고 보니 이 친구는 랍비였다. 우리는 유대교에 대해 이야기하기 시작했다. 율법과 유대철학에 대한 그의 설명은 신선한 느낌으로 다가왔다. 그는 내게 유대교의 현대적 개혁주의에 관해 말했다.

그 친구와의 대화를 계기로 나는 유대교에 대해 강한 호기심이 생겼고 그날 이후로 유대교 관련 서적을 단숨에 독파했다. 나중에 알고 보니 외할머니도 유대인이었다. 유대교에 강하게 끌렸던 나는 유대인 아내 앨리슨을 만나 결혼했고, 결혼한 지 몇 년 뒤에는 유대교로 개종을 했다.

내 옆자리에 앉았던 사람이 전 백악관 연구원이었다는 사실은 별로 중요하지 않다. 지하철이나 버스 안에서 보통 사람들이 잡담하듯이 우리는 그저 사적인 대화를 나눴을 뿐이다. 랍비, 전 백악관 연구원, 샤워 커튼 세일즈맨, 그 누구를 만났든 간에 나는 그 사람들과의 사사로운 대화를 통해서 많은 것을 배웠다. 모든 만남에는 반드시 성장의 기회가 있는 법이다.

우연한 만남

우리는 세상을 살아가면서 일시적으로 또는 평생 동안 영향을 주게 될 사람들을 만난다. 디팩 초프라는 우리의 인생이 의미 있는 우연한 만남의 순간들에 의해 만들어진다고 말했다.

모든 우연한 만남은 의미가 있다. 우리는 만나는 사람들에게 무언가를 배우면서 인생의 방향을 바꾼다. 이러한 경험들은 우리의 꿈을 이룰 수 있도록 도와준다. 따라서 우리는 의식적으로 새로운 정보에 대해 열린 자세를 가져야 한다.

너무 늦기 전에 핸들을 꺾어라

변화를 받아들일 자세가 되어 있다면, 너무 늦기 전에 핸들을 꺾어야 한다. 스털링 파이낸셜 그룹을 설립했을 당시, 나는 데이 트레이딩 플랫폼을 만들기 위해 컴퓨터 전문가를 고용하는 등 기술 분야에 많은 돈을 투자했다. 그때 우리는 가장 규모가 큰 금융회사와 파트너십을 맺으려던 중이었다. 7개월 후 데이 트레이딩 플랫폼이 실행 단계에 접어들었을 때, 정작 그 회사는 그 일에 관심을 보이지 않았다. 심각한 타격이 아닐 수 없었다. 우리는 매달 3만~4만 달러의 돈을 쓰면서도 아무런 수익도 거두지 못했다. 데이 트레이딩 거래소가 여기저기 생겨났지만 별로 도움이 되지 않았다.

결국 우리는 핸들을 다른 방향으로 돌려야 했다. 나는 우선 브로커를 고용했다. 그 브로커는 자신을 고용한 회사와 클라이언트들의 명부를 갖고 있었다. 나는 기존의 전략을 수정했고, 라틴아메리카에 지역 사무소를 개설하는 데 집중했다. 궁극적으로 이러한 방향 전환은 새로운 전략으로 이어졌다. 그 덕분에 2000년과 2001년, 2년 연속으로 플로리다에서 가장 급성장한 개인 기업이라는 명성을 얻기에 이르렀다.

문제가 있다면 인생의 진로를 바꿔라

인생의 길을 달릴 때, 지금 가는 곳이 어디인지 잘 모르는데도 우리는 핸들을 꺾어 방향을 바꾸려고 하지 않는다. 학교에서 계속 나쁜 짓만 골라서 하던 아이가 있었다. 부모는 그 아이에게 아무런 제재도 가하지 않고 그냥 내버려두었다. 가정교사를 고용한다거나 아이를 돌보는 데 더 많은 시간과 정성을 쏟지도 않았다. 그 아이는 나중에 어떻게 되었을까?

주위를 둘러보면 성공의 길을 찾지 못하고 하루하루 마지못해 직장을 다니는 친구나 친척이 한둘쯤은 있을 것이다. 그런 사람들은 설령 영리하고 능력이 있다 해도 가는 곳마다 크고작은 문제를 일으킨다. 문제에 대처하는 방법을 알려주어도 그들은 결코 핸들의 방향을 틀지 않는다. 잘못된 길로 달리고 있는 것이 분명한데도 그들에게는 핸들을 꺾을 의지가 없는 것이다. 아마도 그런 사람들은 자신의 잘못은 깨닫지 못한 채 평생 동안 다른 사람만 탓하려 들지도 모른다. '내 인생이 이렇게 된 건 다 당신들 때문이야!' 라고 불평만 늘어놓으면서 말이다.

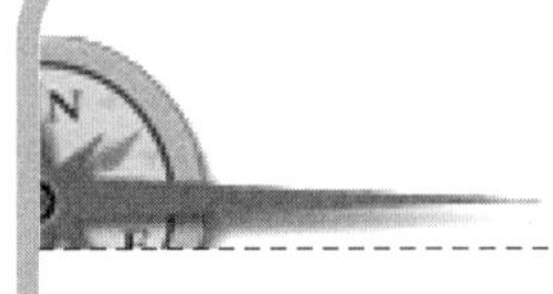

　성공하는 사람들은 변화에 매우 적극적일뿐만 아니라 그것을 즐긴다. 그들은 항상 더 나은 방법을 찾기 위해 노력한다. 변화는 사람들에게 발전을 가져다주고 삶에 대해 항상 흥미와 열의를 갖게 하며 에너지가 소진되는 것을 막아준다.

　회사의 CEO라면 변화에 대해 열린 마음을 가져야 한다. 이는 영리하고 창조적인 인재들을 끌어들이기 위한 필수 조건이다. 사업이 호황일 때 대부분의 기업들은 변화를 거부하고 경쟁자가 자신의 시장점유율을 잠식해올 때까지 전략을 바꾸려고 하지 않는다. 이러한 기업들은 결코 변화에 능동적으로 대처하지 못한다.

　틀에 박힌 삶을 살아가는 사람들은 변화의 가능성이나 새로운 제안을 거부한다. 그들은 계속 벽에 머리를 찧고 있면서도 왜 매번 같은 결과가 나오는지 의아해 한다. 여러분이 성공을 달성하지 못했다면, 세상이 바뀌기를 기다리기보다 자신이 변해야 할 때이다. 변화를 시도하기에 너무 늦은 때란 없다.

길은 언제나 하나가 아니다

컬럼비아 대학교 로스쿨 시절, 나는 『컬럼비아 로 리뷰(Columbia Law Review)』지의 편집자 모집에 탈락했다. 나 자신이 너무 실망스러웠다. 단 40여 명만이 『로 리뷰』지의 편집자로 일할 수 있는데 나는 뽑히지 못한 것이다. 이 잡지를 만드는 학생들은 누구나 부러워하는 판사 보조 업무를 얻을 수 있었다.

실망을 뒤로하고 나는 모든 에너지를 무트 법원(Moot Court)에 쏟았다. 무트 법원은 법대생들이 실제 법의 적용을 경험할 수 있는 가장 좋은 기회였다. 무트 법원은 학생들의 경쟁 무대였다. 학생들은 소송 사건을 분석하고 자신의 입장에서 소송 개요서를 작성한 다음 시간을 내준 판사들 앞에서 변론을 진행했다. 나는 소송 개요서를 『로 리뷰』지에 투고하기 위해 기사로 바꾸었다. 내가 원고를 수없이 고치고 다듬은 뒤에야 편집위원회는 내 사건 개요 기사를 싣기로 결정했다. 비록 직접 『로 리뷰』를 만들진 않았지만, 나는 다른 학생들보다 먼저 내 사건 개요 기사를 실을 수 있었다. 목표를 이루기 위해 나는 다른 길을 선택한 것이다.

막다른 길에 들어섰다는 생각이 들 때, 성공하는 사람들은 대안적인 길을 찾는 반면 성공하지 못하는 사람들은 지도를 치워버리거나 바로 차를 돌려버린다. 하지만 그들은 다른 길을 찾아야 하고 자신을 최종 목표로 인도할 수 있는 우회로를 따라가야 한다.

자신이 하는 모든 일에서 성공을 추구하라

성공으로 향하는 길은 여러 갈래이며, 처음 선택한 길이 성공에 이르는 길이 아닐 수도 있다. 마이클 조던은 고등학교 2학년 때 농구부원 선발에서 탈락한 적이 있었다. 하지만 농구부에 들어간다는 일념하에 조던은 팀 요원으로 들어갔고 다른 선수들과 함께 연습을 하고 기술을 개발할 수 있었다. 그 뒤로 무슨 일이 일어났는지는 우리가 알고 있는 대로이다.

세계적으로 유명한 추리 소설가인 톰 클렌시는 작가가 되기 전에 성공한 보험회사 직원이었다. 클렌시는 안정적이고 높은 수익을 보장하는 보험회사 일을 그만두고 하이테크 스릴러를 쓰기 시작했다. 오늘날 클렌시는 호평 받는 베스트셀러 작가이며 자신이 상상한 것 이상으로 크게 성공했다.

캐럴 캔치어 박사는 우리가 성공에 대한 태도를 변화시킬 수 있다고 조언한다. 그녀는 성격과 하는 일이 조화를 이루어야 하며, 성격이 바뀌듯이 우리가 하는 일도 변화해야 한다고 말한다. 그리고 업무상의 보상은 돈이나 특권이 아닌 만족의 측면에서 판단해야 한다.

전설적인 UCLA 농구팀 감독인 존 우든은 성공을 "최선을 다하는 데서 오는 마음의 평화"라고 정의했다. 이 말은, 사람들은 저마다 다른 능력을 갖고 있지만 지금보다 더 나아지기 위해 최선을 다해 노력할 수 있다는 것이다.

성공으로 가는 길은
멀고도 험하다

기업가들이 한 사업 분야에서 벌어들인 돈을 자신의 열정을 추구하기 위해 또 다른 분야에 쏟아 붓는 것은 드문 일이 아니다. 인터넷 억만장자인 마크 큐번은 댈러스 매버릭스를 인수하여 NBA 챔피언 결정전에서 승리하기 위해 매년 수백만 달러를 쓰고 있다. 이 괴짜 CEO는 어린 시절을 델리에서 보냈고 프로 농구선수가 되는 게 꿈이었다.

많은 기업가들은 자신의 사업보다 영화 산업에 더 흥미를 느끼고 있으며, 그런 자신의 관심을 충족시키기 위한 방편으로 영화에 투자한다. 마이크로소프트의 공동 창업자인 폴 앨런은 드림웍스의 스티븐 스필버그에게 5억 달러를 투자했다. 블룸버그의 마이클 블룸버그, 페덱스의 프레드릭 스미스, 게이트웨이 컴퓨터의 노먼 와트와 같은 기업인들도 영화 제작에 투자하고 있다.

나폴레온 힐은 『놓치고 싶지 않은 나의 꿈, 나의 인생』에서 가장 흔한 실패 원인 중의 하나가 일시적인 패배를 극복하지 못하고 포기하는 것이라고 했다. 세계에서 가장 성공한 500여 명의 사람들은 자신들이 패배했다고 생각하는 순간, 성공이 찾아왔다고 말했다. 힐은 성공에 대하여 또 이렇게 말했다. "성공은 아이러니와 교활함의 예리한 감각을 지닌 술책가이다. 그것은 성공에 거의 다다른 사람을 넘어뜨림으로써 커다란 기쁨을 얻는다."

로렌스 올리비에가 배우의 꿈을 접었다면 어떻게 되었을까? 그레타 가르보는 자신이 주연을 맡은 영화에 올리비에가 출연하지 못하도록 압력을 넣었다. 그리고 얼마 후 올리비에가 출연한 연극은 일주일 만에 막을 내렸다. 『로렌스 올리비에 전기』를 쓴 도널드 소토에 따르면, 올리비에는 한때 자포자기 상태에 빠지기도 했지만 거기에 굴하지 않고 부단히 노력하여 오스카상을 세 차례나 받았다. 스타 제조기로 알려진 영화감독 골드윈은 프레드 애스테어를 별로라고 생각했다. "연기도 못하고, 노래도 못하고, 약간 대머리에 춤은 그저그런 수준이다!" 다행스럽게도 올리비에와 애스테어는 꿈을 버리지 않았다.

성공은 돈이나 명예 그 이상이다

성공은 돈을 많이 버는 것 그 이상이다. 그리고 성공의 의미는 사람마다 조금씩 다르다. 듀크 대학 농구팀 감독인 시세프스키는 자신의 어머니에 관해 이렇게 말했다. "저는 살면서 매일 어머니에 대해 생각해요.

어머니는 제가 아는 사람 중에 가장 행복한 분이셨어요. 어머니는 항상 즐겁게 사셨고 임종 직전까지도 농담을 하셨습니다. 돈도 별로 없었고, 자동차도 집도 없었지만, 어머니는 행복했고 훌륭한 삶을 사셨어요. 어머니는 자부심이 대단하셨죠. 사람들은 이런 어머니를 사랑했습니다. 이것이 바로 진정한 성공 아닐까요?"

내 어머니도 성공적인 삶을 살아온 분이다. 어머니는 아버지와 결혼하기 위해 전도유망한 의사 일을 그만두었다. 어머니는 외국 생활에 적응했고, 교사가 되어 아이들에게 과학을 가르쳤다. 어머니는 자신이 가르치는 학생들에게 사랑과 존경을 받았고, 그 아이들의 삶에 긍정적인 영향을 주었다.

자신의 강점과 삶의 목표가 무엇인지 이해했다면 이제 그것을 실현하는 데 모든 에너지를 집중해야 한다. 여러분이 어디로 가야 할지를 알고 있고 있고 성공을 끌어당길 정신적 자석인 성공믿음을 갖고 있다면, 그 다음에는 확실한 전략이 필요하다. 앞으로 이 책에서 논의할 4가지 성공전략은 여러분의 꿈을 추구하는 데 활용할 수 있는 로드맵을 제공할 것이다.

이미 성공을 달성한 사람들은 시행착오와 실패 그리고 인내를 통해서 성공으로 가는 길이 여러 갈래라는 사실을 알고 있다. 말에서 몇 번을 떨어졌더라도 다시 올라타라. 여러분이 경험한 수많은 역경에서 교훈을 얻을 수 있다면, 궁극적으로 성공에 도달할 수 있을 것이다. 목표에서 눈을 떼지 말고, 필요하다면 계획이나 방법을 수정하라. 상황에 융통성 있게 대처하라. 항상 활력을 유지하고 방심하지 마라. 어떤 상황에도 적응할 수 있도록 노력하라. 창의적으로 목표에 도달할 수 있는 방법을 찾아보라. 그리고 길이 보이지 않는다면, 새로운 길을 만들어라!

성공의 제1원칙은 끈기이다

TV 드라마 「도어 투 도어(Door to Door)」에서 배우 윌리엄 H. 메이시는 소아마비로 고생하는 빌 포터 역을 맡았다. 포터는 신체장애에도 불구하고 최고의 세일즈맨이 될 수 있었다. 자신을 채용할 수 없다는 말을 여러 차례 듣고 난 후에도 포터는 일자리를 찾겠다는 꿈을 포기하지 않았다. 결국 포터는 왓킨스 컴퍼니에서 가정용품을 방문 판매할 수 있는 기회를 얻었다. 비록 정상인들처럼 말하고 걸을 수는 없었지만 그는 어느 누구보다 열심히 일하여 마침내 성공한 세일즈맨이 되었다. 선천적인 요통과 편두통 그리고 관절염에도 불구하고 포터는 10년이 넘게 최고 세일즈맨의 자리를 지켰다.

사람들은 포터에게 신체적 결함을 받아들이고 꿈을 접으라고 말했지만, 그는 귀담아듣지 않았다. 어머니의 관심과 격려가 없었다면 그는 유능한 세일즈맨이었던 아버지의 직업을 잇지 못했을 것이다. 사람들의 놀림 때문에 아들이 의기소침해 할까봐 그의 어머니는 아주 특별한 방법으로 용기를 주었다. 점심으로 사랑과 용기의 메시지를 새긴 샌드위치를 만들어준 것이다. 샌드위치의 한쪽 면에는 '참을성', 다른 한쪽 면에는 '끈기'라고 쓰여져 있었다. 빌 포터는 점심을 먹으면서 그 원칙을 자신의 일부로 만들었다. 그리하여 포터는 캘리포니아, 아이다호, 오리건 그리고 워싱턴 지역에서 가장 뛰어난 왓킨스 세일즈맨이 될 수 있었다.

빌 포터처럼 하이메 곤잘레스도 태어날 때부터 신체장애가 있었다. 하지만 그는 의사가 되겠다는 꿈을 이루기 위해 끊임없이 노력했다. 곤잘레스가 태어났을 때, 사람들은 그 아이가 1년을 넘기지 못할 거라고 말했다. 또한 심각한 장애 때문에 그가 걸을 수 있을 거라고 생각하는 사람은 아무도 없었다. 그러나 그의 어머니는 사람들의 생각에 동의하지 않았다. 그녀는 아들이 휠체어에만 의지하지 않도록 하기 위해 매일 물리치료를 받게 했다. 곤잘레스는 장애자용 버스를 타고 학교에 다녔고, 오후 4시에 집으로 돌아와 5시에서 9시까지 지역 카운티센터에서 일을 했다. 그의 성적은 평균 93점 이상이었고, 전국의 명문 대학에서는 서로 장학생으로 데려가려고 경쟁할 정도였다.

재단사였던 곤잘레스의 아버지는 초등학교 4학년 때 학교를 중퇴했지만 자기 아들만은 최고의 교육을 받게 하고 싶었다. 카페테리아에서 파트타임으로 일했던 곤잘레스의 어머니는 아들에게 무엇이든지 할 수 있으며, 이 세상에 극복하지 못할 장애물은 없다고 가르쳤다. 그의 부모는 아들이 자기연민에 빠지도록 내버려두지 않았다. 그들은 곤잘레스에게 용기를 북돋아주었고 정상적인 아이들과 똑같이 대했다. 그리고 마침내 곤잘레스에게 수년 간의 힘든 시절에 대한 보상이 이루어졌다. 의사가 되겠다는 곤잘레스의 꿈이 눈앞에 다가온 것이다. USC는 4년간 일반 장학금과 의대 장학금을 약속했다.

베트남전 참전은 미식축구 선수가 되고자 했던 록키 블레이어의 꿈을 송두리째 앗아가버렸다. 약간 작은 체격의 러닝백이었던 그는 1968년 드래프트 최종 라운드에서 피츠버그 스틸러스에 의해 지명되었다. 그는 노틀담 대학에서 뛰어난 기량을 발휘했지만 프로 팀에서는 두각을 나타내지 못했다. 스틸러스에서 이름을 날리기도 전에 블레이어는 다시 드래프트되었다. 군대에서 그를 부른 것이다.

하지만 블레이어는 몇 달 후 베트남전에서 부상을 당해 집으로 돌아왔다. 그는 미식축구를 할 수 있기는커녕 제대로 걸을 수조차 없는 상태였다. 하지만 다시 축구를 하기 위해 부단히 노력한 결과, 4년 후에는 과거 시절보다 더 빠르게 40야드를 달릴 수 있었다. 블레이어는 불굴의 의지와 끈기로 다시 선수로 돌아왔다. 그는 스틸러스에서 슈퍼볼에 네 차례나 선발로 뛰었고 한 시즌에 1000야드 전진 포인트를 기록하기도 했다.

오른팔이 없이 태어난 짐 애봇은 위대한 메이저리그 투수이다. 어린 시절, 애봇은 밤낮 없이 벽에 공을 던지며 한 손으로 던지고 받는 방법을 터득했다. 그는 1988년 서울올림픽 야구 결승전에서 일본을 꺾고 미국 팀을 승리로 이끌었다. 그리고 1993년에는 양키스 유니폼을 입고 클리블랜드 인디언스를 상대로 노히트 노런을 기록했다.

　장애가 있는 사람들은 종종 놀라운 집념과 끈기를 보여주기도 한다. 그들이 성공을 성취하기 위해서는 정상인보다 훨씬 더 많은 노력이 필요하기 때문이다. 마이애미 대학교 학생인 댄 앤드류스는 전국대학체육협회(NCAA)가 주관하는 축구 경기에서 참가 선수 중 유일하게 다리가 절단된 상태였다. 하지만 그 경기는 장애자 올림픽이 아니었다. 그는 장애가 없는 선수들과 경쟁을 하였던 것이다. 앤드류스는 1996년 경기 도중 정강이뼈가 부러지는 사고를 당했다. 그 사고로 인해 합병증이 유발되었고 다리에 산소결핍이라는 진단을 받았다. 의사는 그의 무릎 아래 쪽을 절단해야만 했다. 수술을 받은 지 6개월 만에 앤드류스는 다시 골키퍼로서 축구장으로 돌아왔으며, 그로부터 6개월 후에는 탄소섬유로 만든 인조다리를 달고 그라운드를 누볐다.

　한 미식축구 선수 지망생이 2002년 8월에 펜 스테이트 팀에 지원을 했다. 스테파니 마이머라는 이 여자 선수는 무릎 수술로 인해 한때 축구를 포기하라는 말까지 들었었다. 그녀는 또한 자신이 지원한 미식축구 팀으로부터 전원이 남자인 팀에서 뛰기엔 역부족이라는 말을 들어 왔다. 하지만 그녀는 지금도 여전히 자신을 받아줄 팀을 찾아다니고 있다. 스테파니 바이머는 과거에 자신에 대한 회의론이 틀렸다는 사실을 입증해 보였다. 고등학교 시절, 그녀는 다른 어떤 선수들보다 많은 필드 골을 성공시켰다. 그녀는 36야드의 필드 골과 터치다운을 막는 태클로 유명하다. 아마도 그녀는 끝내 펜 스테이트 팀에서 선수로 뛰지 못할지도 모른다. 하지만 그녀는 성차별과 다리 부상이 자신의 꿈을 가로막는 것을 그대로 두고보지는 않을 것이다.

결의와 끈기는 목표를 달성하기 위한 핵심적인 특성이다. 기술과 지식 그리고 재능을 지니는 것도 중요하지만, 꿈을 달성하는 것은 끈기가 있을 때만 가능하다. 다른 사람이 어떻게 생각하든 관계없이, 자신의 목표를 고수하고 그것을 성취해냄으로써 그들이 틀렸다는 것을 입증하라.

시련을 이겨낼 수 있는 인성을 개발하라. 록키 블레이어와 짐 애봇은 혹독한 시련에 맞서 기어이 꿈을 이루어냈다. 성공한 다른 사람들처럼 그들 역시 끈기와 강인한 성격을 가졌다. 그들은 최선을 다했을 뿐만 아니라, 힘든 도전에도 불구하고 놀라운 성공을 거두었다.

꿈을 갖는 것은 멋진 일이다. 그러나 그 꿈을 이루기 위해 무엇인가를 하는 것은 더욱 멋진 일이다. 목표를 달성하기 위해 모든 창조적 수단을 동원하라. 꾸물거리지 말고 먼저 실행에 옮겨라. 사람들은 자신들이 하고자 하는 것을 이야기하느라 엄청난 시간과 에너지를 소모한다.

여러분이 무언가를 성취하기 원한다면, 나이키 광고에 나오는 것처럼 "일단 시도하라(Just do it)."

인맥은 결정적 순간을 위해 필요하다

인생의 균형을 유지하는 훌륭한 방법은 바로 우정을 통해서이다. 나는 언제나 로 스쿨 시절에 맺은 우정을 감사하게 생각한다. 나는 너무 많은 법학생들이 지나치게 경쟁적이며 학창 시절에 당연히 누려야 할 우정의 기회를 놓치고 있다는 사실을 알았다. 나는 지금까지 공군사관학교 시절의 친구와 법대 시절 그리고 백악관 인턴 및 군복무 시절에 사귀었던 친구들과 교류하고 있다. 군대에서 맺은 우정은 특히 더 소중하다. 이들은 함께 전쟁에 나갈 수도 있는 사람들이며, 그들과 형성된 유대감은 실제 전쟁터에서 시험을 받을 수도 있다.

누군가와 훌륭한 관계를 형성하고 유지하는 것은 인생에서 가장 중요하고 보람된 일이다. 그러한 관계를 통해 여러분은 역경에 대처하는

데 필요한 도움을 얻을 수 있으며, 조언이나 상담을 받을 만한 많은 사람들을 주위에 둘 수 있다.

<h2 style="text-align:right">관계는 삶의 방향을
바꿔놓을 수 있다</h2>

여러분은 다음과 같은 말을 들어본 적이 있을 것이다. "중요한 것은 무엇을 아느냐가 아니라 누구를 아느냐이다." 이 말은 상당한 정도로 진실이라고 할 수 있다. 동양 속담에도 이런 말이 있다. "현명한 사람은 모든 것을 알지만 영리한 사람은 모든 사람을 안다." 비디오 게임 제작 회사 YaYa의 CEO인 케이스 페라치는 이 유명한 말을 한 단계 더 발전시켰다.

케이스 페라치는 훌륭한 사람들과 관계를 맺는 것을 자기 존재의 중요한 부분으로 삼았다. 페라치는 사람들과의 관계 구축에 대한 자신의 열정을 통해 놀라운 성공을 거두었다. 다시 말해서 페라치는 인적 네트워크 구축에 열정적이며 그것에 대한 열망으로 가득 차 있는 사람이다. 나는 2002년 『INC』지 겨울호에 특집으로 소개된 페라치의 인적 네트워크 기술에 관한 기사를 읽고 그를 만나보기로 마음먹었다.

특정 영역에서 성공을 거둔 많은 사람들이 그렇듯이, 페라치 역시 관계 구축에 있어 타고난 재능이 있었다. 나는 페라치가 갖고 있는 네트워크 능력과 그가 인간관계에 부여하는 가치에 대해 깊은 흥미를 느꼈다. 그래서 그를 찾아가 그 주제에 대하여 토론해보기로 했다.

나는 페라치가 점심을 먹으러 자주 들르는 뉴욕시의 예일 클럽에서 그를 만나 언제부터 네트워크 기술을 개발하기 시작했는지 물어보았다. 페라치는 자신이 대학 4학년 때 처음 경험했던 진정한 네트워크 경험을 들려주었다. "정치에 관심이 많은 친구가 한 명 있었는데 그 친구의 아버지는 변호사였어요. 그래서 나는 그 친구와 친해져야겠다고 생각했죠. 그 당시 내가 알고 있는 변호사는 한 명도 없었어요. 아버지를 비롯해 우리 집안은 공장 노동자 출신이 많았고, 친구들의 아버지도 거의 노동자들이었거든요." 왜 그 친구와 친해지는 것이 중요하다고 생각했는지 묻자, 그는 이렇게 말했다. "나는 신분 상승을 원했어요. 그래서 성공한 사람 가까이에 있고 싶었죠." 그리고 페라치는 친구의 아버지가 자신을 영리한 젊은이로 알아주기를 원했다고 말했다.

그 이후로 페라치는 신분 상승을 계속해 왔다. 현재 36세인 페라치는 자신이 원하던 신분 상승을 이루었을 뿐만 아니라 정계와 재계 그리고 미디어계의 고위층들과 접촉할 수 있는 위치에 올랐다.

페라치는 비즈니스를 일종의 게임이라고 보았다. 페라치가 확신하는 게임의 법칙은 부단한 노력과 사려 깊은 통찰, 그리고 폭넓은 인간관계를 모두 갖추고 있는 사람만이 골프 클럽의 캐디가 아니라 회원이 될 수 있다는 것이다. 페라치의 이런 생각은 어느 날 우연히 생긴 것이 아니라, 어린 시절 컨트리클럽에서 부자와 권력층의 골프 가방을 둘러매는 캐디로 일했던 경험의 산물이었다.

페라치는 YaYa의 CEO가 되기까지 놀라운 성공을 가져다준 인간관계를 구축해 왔다. 가난한 철강 노동자와 청소부 어머니 사이에서 태어난 페라치의 아버지는 자신의 상사의 상사에게 어린 자식을 만나달라는 요청을 하는 대담함이 있었다. "아버지는 내가 더 나은 삶을 살기를 원했어요. 그리고 보다 나은 교육을 통해서만 그것이 가능하다고 생각하셨죠." 페라치의 아버지는 아들을 위해 그러한 연결을 만드는 데 성공했다. 어린 페라치는 아버지의 상사에게 좋은 인상을 주었고, 그의 도움으로 명문 초등학교에 들어갈 수 있었다. 그러한 연결을 통해 페라치는 계속해서 최상의 교육을 받을 수 있었다. 그는 명문 고등학교를 나왔고 예일대와 하버드 경영대학원을 졸업했다. 졸업 후에는 딜로이트 컨설팅에서 최연소 파트너가 되었으며, 스타우드 호텔로 직장을 옮겨 『포춘』지 선정 500대 기업 최연소 마케팅 담당 임원이 되었다. 그는 다시 명망 높은 금융가인 마이클 밀켄에게 스카우트되어 온라인 게임을 만드는 벤처 기업인 YaYa의 CEO 자리에 올랐다.

6개월여에 걸쳐 밀착 취재를 끝내고 난 후에 『INC』지는 페라치의 핵심 네트워크 구축 이론을 다음과 같은 10가지 법칙으로 요약했다.

법칙 1 _ 네트워크를 위한 네트워크를 만들지 마라. 먼저 그러한 관계로부터 자신이 원하는 것이 무엇인지 파악하고 그것을 추구하라.

법칙 2 _ 만나고 싶은 사람의 이름을 적어두라. 그리고 때가 되었을 때 그 사람과 접촉하기 위한 방법을 찾아보라.

법칙 3 _ 필요해지기 전에 미리 관계를 구축해두라. 네트워크를 만들고 그것을 발전시켜라. 그리고 관계에 이상이 없게 잘 관리하라. 여러분이 관계를 맺고 있는 누군가에게 무언가를 요청하기 전에 먼저 가치 있는 것을 제공하라

법칙 4 _ 절대로 혼자서 식사하지 마라. 고위 공직자 프로필을 보관하고, 주요 인사들과의 식사 약속으로 스케줄을 꽉 채워라.

법칙 5 _ 흥미 있는 존재가 되라. 남들과 다르게 행동하라. 신문이나 잡지를 부지런히 읽어서 사람들이 여러분과 대화하고 싶어하고, 여러분을 알고 싶어하도록 만들어라

법칙 6 _ 문지기를 잘 관리하라. 비서를 관리하거나 영향을 미치는 기술과 요령을 배워라. 그들은 여러분이 필요로 하거나 대화하기 원하는 사람들에 대한 접근을 통제한다.

법칙 7 _ 원하는 것을 요구하라. 요구한다고 해서 여러분이 해를 입지는 않는다. 최악의 경우는 거절의 대답을 듣는 것뿐이다. 하지만 많은 사람들이 이것을 믿지 못한다. 당황하거나 두려워할 필요가 없다.

법칙 8 _ 점수를 매기지 마라. 성공적인 네트워킹은 단순히 자신이 원하는 것을 얻는 것만이 아니다. 여러분에게 중요한 사람이 그들이 원하는 것을 얻게 하는 것이 먼저다.

법칙 9 _ 목적의식을 가져라. 네트워크 중에서 80퍼센트는 단순히 관계를 유지하고 있을 뿐이다. 사람들과 관계를 유지해야 하는 이유를 찾아보라.

법칙 10 _ 유력인사와 함께 식사를 하라. 항상 자신보다 한두 단계 높은 위치에 있는 사람들을 찾아보라. 그리고 그들을 식사에 초대할 수 있는 자리를 마련하라. 그러면 그들은 무엇인가에 참여하게 되고 모임에 참여한 다른 사람들의 흥미와 관심을 유발시킬 것이다.

나는 페라치에게 네트워크 기술을 개발하고자 하는 사람들을 위해 조언을 해줄 것을 요청했다. 그는 우선 작게 시작하고, 그러고 나서 수준을 높이고 범위를 확장해야 한다고 제안한다. 우선 여러분이 알고 있는 사람들과의 관계를 확대하고 나서 여러분보다 사회적, 경제적으로 나은 위치에 있는 사람들의 관심을 끌 수 있는 그룹을 만들어라.

마지막으로, 페라치는 네트워크 구축은 상대방에게 어떤 것을 주는 것이며 네트워크로부터 얻은 최초이자 최고의 혜택은 무언가를 주는 데서 오는 즐거움임을 지적한다.

멘토를 찾아라

나는 앞에서 열정을 추구하려면 여러분이 관심을 갖고 있는 분야에서 활동하는 멘토를 찾아야 한다고 말했다. 멘토와의 관계를 통해 여러분은 개인적 만족을 얻지 못하는 직장에 매일 일하러 가기보다는 진정으로 흥미를 느끼는 분야에서 일할 수 있다.

이러한 교훈은 나의 가장 가까운 멘토이자 장인인 세이모어 홀츠먼으로부터 배웠다. 장인은 어려운 문제가 생길 때마다 그가 잘 아는 업계의 친구들에게 조언을 구하는 습관이 있다. 그는 해결할 문제가 있고 그들의 조언이 필요하다면 밤낮을 가리지 않고 언제든 전화를 한다.

일단 조언을 모두 들은 뒤에 장인은 항상 최선의 결정을 내린다. 그리고 확신을 가지고 앞으로 나아간다. 이러한 그의 태도는 주위 사람들에 깊은 인상을 심어주었다. 어떤 사람은 장인을 다음과 같이 표현하기도 했다. "때로는 틀릴 때도 있지만 전혀 주저하지 않는 사람이다." 기업가들이 항상 옳은 것은 아니지만 그들은 때때로 의심이나 두려움 없이 자신 있게 앞으로 나아감으로써 성공을 이루어낸다.

개인적 관계를 활용하여 조언을 구하라

장인으로부터 배우고 나서, 나는 중요한 문제가 발생할 때마다 전화를 걸곤 한다. 나는 현명한 사람들에게 내가 처한 상황과 그것을 해결하기 위한 내 생각을 전하고 그들의 조언을 구한다. 그리고 나는 그들의 의견을 존중한다. 그들은 언제나 나를 올바른 방향으로 인도해 왔다. 마찬가지로 그들이 나를 필요로 할 때, 나 역시 그들에게 조언을 해준다.

제3자로서 공정한 조언을 해줄 수 있는 사람들과 관계를 구축하는 것은 기업가와 비즈니스맨들에게 중요한 부분이다. 나는 플로리다에 있는 경영자위원회(TEC)라는 단체와 일하고 있다. 이 단체는 전직 경영자들의 모임으로, 도움이 필요한 기업가들에게 조언을 제공한다. 나는 또한 리더십 플로리다 프로그램에 가입해 있는데, 이곳에서는 나 같은 회원들을 위해 전국에 있는 경험 많은 리더들과의 교류를 주선해준다.

여러분이 어떤 비즈니스를 하고 어떤 위치에 있든, 필요할 때 자신의 문제나 아이디어를 상의할 사람이 필요하다. 그럴려면 여러분은 직장 동료들과 좋은 관계를 유지해야 한다. 즉 외로운 늑대가 아니라 팀 플레이어가 되어야 한다. 그리고 직장에서 성공하려면 다른 부서의 사람들과도 관계를 구축해놓아야 한다.

비즈니스 문제이든 개인적인 문제이든, 한 가지 의견에만 의존해서는 안 된다. 만일 심장에 문제가 있다면 최소한 3명의 심장 전문의와 상담을 해보라. 세금과 관련된 문제가 있다면 3명의 경험 많은 회계사와 상담해보고, 법률적인 문제라면 최소한 3명의 변호사와 상의하라. 각각의 전문가들은 저마다 다른 경험을 지니고 있으며 동일한 문제에 대하여 서로 다른 조언을 받을 수 있다.

여러분의 가정에도 여러분이 직면한 문제에 대해 조언을 해줄 수 있는 사람들이 있을 것이다. 물론 가족과 모든 문제를 공유할 필요는 없지만, 도움이 필요할 경우 여러분을 위해 객관적인 조언을 해줄 수 있을 것이다. 특히 가족 중에서 여러분이 추구하는 분야에서 성공을 거두었거나 다른 분야에서 성공을 거둔 사람이 있다면 실질적인 도움을 받을 수 있다.

가족과 친구들에 대해서 생각해보고, 그들이 어떤 영역의 전문 능력을 지니고 있는지 적어보라. 여러분이 어떤 문제에 직면했을 때 조언자들에게 전문지식을 요청하는 것을 꺼리지 마라. 비즈니스에서 조언을 구하는 것은 새 차를 살 때 주위 사람들에게 조언을 구하는 것과 다를 바 없다.

성공하는 사람들은 어떤 결정을 내리기 위해 다른 사람의 지식이 필요하다는 사실을 기꺼이 인정한다. 다른 사람들의 지적 능력을 사용하지 않는 사람은 자신이 모든 것을 알고 있다고 생각하는 사람들이다.

자신이 현명한 것 못지않게 현명한 사람들을 많이 알고 지내는 것도 아주 중요하다. 사람들과의 네트워크 구축은 성공을 성취하는 데 있어 반드시 필요한 요소이다. 성공한 사람들은 성공한 사람들과 교류하는 법이다.

개인적인 삶과 비즈니스를 성장시키기 위해 자신보다 성공한 사람이나 명성을 얻고 있는 사람들을 만나라. 여러분과 다른 분야에서 활동하는 사람들도 만나라. 다른 분야의 사람들과 교류함으로써 네트워크를 다양한 방면으로 확대할 수 있다. 이들은 여러분의 개인적 삶이나 비즈니스에 새로운 관점을 제공할 수 있고, 여러분도 마찬가지로 동일한 것을 그들에게 제공할 수 있다. 여러분은 누군가에게 흥미 있고 유익한 존재가 되어야 하며, 댓가를 기대하지 않고 도움을 줄 수 있어야 한다.

폭넓은 네트워크는 필요한 조언을 얻는 데 중요한 역할을 한다. 제3자로서의 객관적인 조언은 가치가 있다. 이해관계나 감정적인 연관이 없다면, 그들의 관점이 더 명확하고 더 타당할 수 있기 때문이다. 특히 어려운 문제를 다룰 때에는 신뢰하는 3명 이상의 사람들로부터 의견을 구하도록 하라. 특정 문제에 대하여 최소한 3가지 견해를 듣는 것이 올바른 결정을 내리는 데 큰도움이 된다.

03 성공전략 1_목표를 높게 설정하라

성공전략은 단순해야 한다

여러분은 성공하기를 원할 것이다. 그래서 여러분은 이 책을 샀다. 이제 여러분에게 필요한 것은 그 목표를 달성하기 위한 현실적인 전략이다. 무엇보다 목표를 명확히 해야 한다. 돈을 많이 벌고 싶다든가 부자가 되고 싶다는 말은 불명확하다. 좀더 구체적으로 목표를 정의해야 한다. 그 다음에 필요한 것은 목표를 달성하기 위한 전략이다. 이 책의 나머지 부분에서는 성공을 성취하기 위한 특정한 전략들을 제시한다. 그리고 각자의 목표를 달성하기 위해 삶을 계획하는 방법에 대해 보여줄 것이다.

솔직하게 말해보자. 대부분의 사람들은 부자가 되길 원한다. 그리고 지금 당장 부자가 되고 싶어한다. 게다가 열심히 일하지 않고도 부자가

되길 원한다. 이러한 일이 일어나는 길은 두 가지가 있다. 로또에 당첨
되거나 1990년대 후반에 인터넷이나 하이테크 기업에 투자하는 것이
다. 하지만 안타깝게도 여러분은 1990년대의 기회를 다시 얻을 수 없으
며 로또에 당첨될 확률도 3천만분의 1 정도로 희박하다. 대부분의 다른
해결책들은 더 많은 동기유발을 필요로 한다. 여러분이 성공하기 위해
서 열심히 일하고 있다면 그것을 달성할 가능성은 3천만분의 1이라는
확률보다는 훨씬 더 높을 것이다.

앞에서 설명한 12가지 '성공믿음'에 더하여 여기서는 4가지 성공전
략을 소개한다.

1. 목표를 높게 설정하라.
2. 당장 계획을 세워라.
3. 즉각 실행에 옮겨라.
4. 절대 포기하지 마라

이러한 전략들은 간단하다. 그리고 왜 그 전략들이 효과를 거둘 수
있는지에 대해서도 분명히 알 수 있다. 인생에서 어려운 질문에 대한
답은 바로 우리 앞에 있다. 해결책은 간단하다. 그러나 우리는 언제나
문제를 복잡하게 만들고 분명한 해답을 무시해버린다.

나는 성공한 사람들이 단순하고 검증된 전략을 따라서 완벽해질 때
까지 반복해서 그것을 연습한다는 사실을 알게 되었다. 전설적인 미식
축구 감독인 빈스 롬바르디는 그러한 사례의 완벽한 표본이다. 1959년
부터 1967년까지 롬바르디는 감독으로 재직하면서 영원한 패배자였던

그린베이 팩커스 팀을 전미 챔피언으로 만들었다. 첫 번째 시즌이 시작하기 전에 그는 선수들에게 다음과 같은 메시지를 가르쳤다. "주님께서는 너희들에게 어떠한 상황에서도 견딜 수 있는 신체를 주셨다. 너희들이 확신시킬 대상은 바로 자신의 정신이다." 그의 철학은 기본을 중시하는 것이며 선수들이 올바로 해낼 때까지 그 내용을 반복해서 선수들에게 훈련시키는 것이었다.

롬바르디 감독은 반복이 자신감을 형성하고 자신감은 곧 열정을 만들어낸다는 사실을 입증했다. 반복, 자신감 그리고 열정은 성공적인 롬바르디식 축구를 구성하는 3요소였다. 롬바르디 코치 기법의 성공 비결은 바로 단순함에서 완벽함이 나온다는 철학이었다. 그는 당시의 수많은 유행과 새로운 축구 기법을 거부하고 경기에서 기본기의 중요성을 강조했다.

롬바르디 감독이 이끄는 그린베이 팩커스 팀은 최초로 두 번의 수퍼볼 우승과 NFL 챔피언 자리에 세 번이나 올랐다. 그러는 사이에 롬바르디는 105승 35패 6무라는 전적으로 최고의 승률을 기록한 NFL의 감독이 되었다. NFL에서는 그의 성공을 기념하여 10파운드 무게의 수공 순은 티파니 수퍼볼 트로피에 롬바르디의 이름을 붙였다.

성공은 단순한 전략으로 정의할 수 있다. 자신의 목표에 전념하고 현실적인 계획을 세워서 실천에 옮기며, 그 목표가 실제로 이루어질 때까지 인내하는 것이다. 이러한 전략을 따른다면 여러분도 성공할 수 있다.

행동전략 1_ 목표를 높게 설정하라

첫 번째 전략은 목표를 높게 설정하는 것이다. 잠시 현실을 제쳐두고 여러분이 원할 수 있는 것들을 생각해보자. 『위대한 나의 발견-강점 혁명』이라는 책을 읽고 3장에서 언급한 Emode 테스트를 받고 난 이후에 이러한 연습을 해보자. 그리고 종이 위에 자신의 원대한 목표를 꼭 적어보자.

행동전략 2_ 당장 계획을 세워라

안타깝게도 대부분의 사람들은 성공에 대한 비행 계획을 세우지 않은 채 인생을 살아간다. 현재 자신의 위치가 어디쯤이며 앞으로 가고자 하는 방향에 대한 구체적인 비전 없이 하루하루를 살아가고 있는 것이다. 그런 사람들은 1년 후나 5년 후 또는 10년 후에 자신이 어디에 있기를 원하는지에 대한 뚜렷한 그림도 없이 임의로 선택된 방향으로 그저 나아갈 뿐이다. 이렇듯 인생에 대한 전략이 없는 사람은 종종 보상이 따르지 않는 직업과 불만족스런 삶으로 전락하게 된다.

성공한 모든 기업에는 훌륭한 사업 계획이 있다. 그러한 사업 계획에는 회사의 사명과 원칙 그리고 수익을 창출해내는 전략이 명시되어 있다. 비행 계획처럼 사업 계획 역시 회사가 가고자 하는 방향과 거기에 도달하기 위해서 어떻게 행동해야 하는가가 분명히 나타나 있다. 개인의 경우도 목표를 성취하기 위해서도 그와 같은 구체적인 계획을 갖고 있어야 한다.

행동전략 3_ 즉각 실행에 옮겨라

여러분 자신이나 주위에 있는 사람들은 얼마나 자주 훌륭한 아이디어에 관해 이야기하는가? 직업을 바꾸고 싶다는 생각이나 학위를 취득하기 위해 다시 학교로 돌아가는 것에 관해 얼마나 자주 이야기하는가? 여러분은 미술 강좌를 수강하거나 펜싱, 사진, 브릿지 게임 또는 즉흥적인 어떤 것을 시도해보려는 욕구를 느꼈을 수도 있다.

매일 수백만 명의 사람들이 수백만 가지의 훌륭한 아이디어를 얻고 있으며, 무엇인가 흥미로운 일을 하려는 욕망을 느끼며 살아간다. 하지만 중요한 것은 그 아이디어나 욕망을 실행에 옮기느냐 그렇지 못하느냐이다. 그리고 성공한 사람들과 그렇지 못한 사람들의 차이도 바로 여기에 있다.

지금까지 제작된 가장 훌륭한 광고 캠페인 중 하나는 '당장 시도하라(Just do it)'라는 간결한 세 단어로 이루어진 나이키 광고이다. 이 광고는 건강한 몸과 무기력한 몸, 실질적인 감량과 그저 말로만 하는 것의 차이를 강조한다. 이 흥미로운 광고 캠페인은 나이키의 이미지를 형성하고 확고히 하는 데 도움을 주었으며, 제품이 엄청나게 판매되는 결과를 낳았다. 이것이 바로 모든 것의 핵심이다. 어떤 것에 대해 말만 할 것이 아니라 즉각 실행에 옮겨라.

행동전략 4_ 절대 포기하지 마라

실패는 성공을 위한 수단일 뿐이다. 오프라 윈프리는 기자직에서 해고당했으나 일을 그만두는 대신에 자신의 실수에서 배우고 부단히 노력하여 많은 사람들에게 사랑받는 성공한 여성 진행자가 되었다. 엘비스 프레슬리는 단 한 차례의 공연 후에 그랜드 올리 오프리로부터 해고를 당했다. 당시 매니저는 그에게 이렇게 말했다. "넌 다른 곳에 가도 결과는 마찬가지일 테니까 트럭운전이나 배우는 게 좋을 거야." 심지어는 미국 TV에서 가장 유명하고 존경받는 목소리의 주인공인 월터 크롱카이트도 지방의 라디오 1차 오디션에서 탈락한 경험이 있다. 그 방송국 매니저는 월터에게 라디오 아나운서로서 절대로 성공하지 못할 것이라고 말했다.

여러분의 삶은 하나의 과정이며, 이러한 과정은 현재의 여러분을 만드는 수천 가지 경험으로 이루어져 있다. 모든 실수와 일시적인 후퇴를 포함하여 그런 경험들은 단지 다양한 시도를 해보도록 신이 부여한 놀라운 기회들이다. 전도유망한 축구 스타인 훌리오 이글레시아스가 끔찍한 사고를 당했을 때, 그는 자신의 인생이 끝났다고 생각했다. 14시간에 걸친 수술을 마친 뒤, 그는 반신불수가 되었다. 의사는 그가 다시는 걸을 수 없을 것이라고 예상했다. 그러나 그후 3년 동안의 재활치료 기간에 다시 걷는 방법을 배우면서 이글레시아스는 의사의 조수가 건네준 기타를 서투르게 연주하며 실패한 자신의 삶에 대한 좌절감을 극복했다. 이글레시아스는 기타 연주를 계속하였으며 훌륭한 아티스트가 되기 위해 한 발 한 발 앞으로 나아갔다.

여러분은 이 책이 성공을 위한 매뉴얼이자 안내서가 될 것이라는 사실을 알아차렸을 것이다. 여기에 비밀스런 요소는 없다. 성공을 성취하기 위한 모든 요소들이 제시되어 있다. 인내의 개념은 이 책에서 논의되는 다른 핵심 요소와 마찬가지로 중요하다.

인내는 실제로 크게 성공한 사람들에게서 발견되는 두드러진 특징이다. 혹자는 그것을 결의라고 부르고, 다른 사람은 그것을 끈기라고도 한다. 여러분이 어느 쪽을 선택하든 다음의 사항을 알고 있어야 한다. 정말로 달성하기 쉽지 않은 어떤 것을 원한다면, 온갖 고난과 시련의 시간을 견뎌야 하고 여러분이 포기하도록 만들거나 다른 일을 하도록 설득하려는 사람들의 부정적인 이야기를 극복해야 한다. 그리고 오로지 목표를 추구하는데 전념해야 한다. 그럴 자신이 없다면 차라리 다른 일을 하라. 실패란 무엇인가? 그것은 단순히 배우는 과정의 일부이며, 더 나은 어떤 것이 되기 위한 첫 단계일뿐이다. 절대로 포기하거나 굴복하지 마라. 여러분이 재능을 조금이라도 갖고 있다면, 포기하지 않는 한 결국에는 성공할 것이다. 여러분도 잘 알고 있다시피 성공과 실패의 차이는 아주 미미하며, 우리가 그것을 경험하지 않는다면 그 존재를 깨닫지 못한다.

성공하고 싶다면 목표에 대한 분명한 그림과 그것을 달성하기 위한 전략이 있어야 한다. 전략이 없는 목표는 비행 계획이 없는 비행과 같다. 가고자 하는 목표가 있다면. 거기에 도달하는 방법이 알아야 한다.

우리의 성공전략은 단순하다. 목표를 높게 설정하고, 즉각 계획을 세우고, 당장 행동에 옮기고, 그리고 절대 포기하지 않는 것이다. 이러한 전략은 실전에서 강력한 위력을 발휘할 것이며 성공으로 인도하는 실질적 로드맵이 되어줄 것이다. 성공을 성취하는 데 가장 중요한 것은 포기하지 않는 것이다. 특히 꿈을 포기하라는 다른 사람의 말에 설득당하지 않도록 조심해야 한다.

종이 위에 꿈을 적어서 항상 지니고 다녀라. 여러분이 되고자 하는 인물 유형을 시각화하라. 그리고 목표를 달성하는 과정에 전념하라. 정신을 바짝 차리고 여러분의 꿈의 불씨를 지피는 데 온 신경을 집중하라. 여러분의 결의에 방해가 되는 어떤 것도 허용해서는 안 된다. 매일 아침 여러분이 이루고자 하는 바에 한 걸음 더 다가가고 있음을 생각하며 눈을 떠라. 지금 여러분이 해야 하는 일은 자신의 인생을 위한 사업 계획을 만드는 일이다.

목표가 있으면 어디라도 도달할 수 있다

당신의 삶은 현재 에베레스트의 산기슭에 서 있는 것과 같을 수 있다. 여러분은 산을 정복하기로 결정할 수도 있고, 그저 산 주위를 배회하고 말 수도 있다. 결국 그 산에 오르는 소수의 사람들만이 멋진 경치를 감상하고 진정한 성취감을 얻을 것이다.

젊은 시절 다니엘 루에티거도 자신이 꿈꿔온 산을 오르기로 마음먹었다. 어느 면을 보아도 루에티거는 성공할 것 같은 인물은 아니었다. 1948년 일리노이 주 졸리엣에서 태어난 루에티거는 14명의 형제자매 중에서 셋째로 태어났다. 예상되는 일이지만 루에티거의 집안은 무척 가난했다. 그의 아버지는 정유공장에서 일하고 있었다. 루에티거는 5피트 6인치의 작은 키에 누가 보아도 똑똑한 아이는 아니었다. 후일에 난독증이 있었던 것으로 판명되었는데, 이 때문에 그의 학업성적은 부진한 편이었다. 루에티거는 위대한 인생이 아닌 평범한 삶을 살아갈 운명인 것처럼 보였다. 그러나 루에티거는 노틀담 축구팀에 대한 아버지의 열정을 물려받았다. 젊은 루에티거는 노틀담 팀에 입단하겠다는 자신의 의지를 종종 드러내곤 했다.

해군에서 복무를 마친 후 그는 자신의 평생 일자리가 될 것으로 생각해온 공장으로 돌아왔다. 그란데 예기치 못한 상황이 일어났다. 공장에서 루에티거의 가장 친한 친구가 사고로 목숨을 잃은 것이다. 친구의 죽음을 계기로 루에티거의 어릴 적 꿈과 노틀담 축구팀에서 선수로 뛰겠다는 열정이 되살아났다. 하지만 그의 이런 생각은 말도 안 되는 것이었다. 루에티거는 남다른 재능도 없었을 뿐더러 두뇌도 명석하지 않았으며 노틀담까지 갈 수 있는 여비도 없었다. 하지만 아무도 그를 막진 못했다.

그는 가장 먼저 사우스밴드로 갔다. 하지만 자신에겐 노틀담 축구팀에 입단할 만한 학위도, 돈도 없다는 것을 잘 알고 있었다. 그러나 루에티거는 자신의 게임 계획에 따라 차선의 방법을 선택했다. 그것은 노틀담 축구선수들이 훈련을 하는 경기장에서 일하는 것이었다. 당시 루에티거는 방 한칸 마련할 돈도 없었다. 다행히 동정심 많은 어느 현장 노동자가 주선을 해주어서 경기장에 딸린 작은 숙소에서 지낼 수 있게 되었다. 그는 노틀담 대학 반대편 거리에 있는 성 크로스 대학에 등록했는데, 한 자상한 신부가 그곳에서 멘토로 활동하고 있었다.

루에티거는 2년 동안 이런 식으로 생활하면서 노틀담 축구팀에 들어가기 위해 다양한 시도를 한 끝에 마침내 입학 허가를 받았다. 입학 승인이 나자, 루에티거는 후보 선수로 노틀담 축구팀에 지원했다. 그러나 그는 경기에 출전하거나 대체 선수가 되기에도 부족한 실력이었기 때문에 먼저 연습팀에 자원했다. 그는 정규 시즌에서 뛰는 선수들을 위한 연습 상대가 되기로 했다. 루에티거보다 2배 정도 큰 거대한 덩치의 선수들이 하루 종일 그를 괴롭혔다. 루에티거는 이러한 신체적, 정신적 학대를 2년 동안 참아냈으며, 노틀담 축구팀의 유니폼을 입고 선수로 경기에 참여하겠다는 꿈을 늘 간직하고 있었다. 포기하고 싶을 때도 있었지만 루에티거의 마음속에 그만둔다는 것은 선택 사항이 아니었다. 그는 단 한 게임을 뛰더라도 자신의 꿈을 이룰 수 있는 팀의 일원이 되길 원했다. 루에티거가 졸업을 앞두고 있던 그 해 시즌의 마지막 게임에서 드디어 출전 기회가 왔다. 불과 27초를 남겨둔 상황에서 감독은 루에티거를 경기장으로 내보낸 것이다. 루에티거가 아니었더라면 선수들은 패배자가 되어 경기장을 걸어 나와야 하는 순간이었다.

마지막 몇 초 동안 루에티거는 반대편 팀의 쿼터백을 태클로 쓰러뜨렸다. 그는 팀 동료의 어깨 위에 올라탄 채 경기장을 나온 학교 역사상 유일한 선수가 되었다. 얼마 뒤 그는 노틀담 대학을 영예롭게 졸업했고, 5명의 어린 형제들도 자신이 다닌 대학에 입학할 수 있도록 길을 열어놓았다.

루에티거의 이야기는 1993년에 「루디」라는 제목의 영화로 만들어졌는데, 이 영화는 노틀담 캠퍼스에서 상영된 두 번째 작품이었다. 영화가 개봉된 이후, 루에티거는 점차 국제적인 유명인사가 되었을 뿐만 아니라 수많은 위대한 리더들이나 연사들과 어깨를 나란히 하는 연설가이자 작가가 되었다. 루에티거는 왜 자신의 팀이 불리해지기를 원했느냐는 질문을 받았을 때 다음과 같이 대답했다. "내가 해낼 수 없을 거라고 말했던 사람들에게 내가 할 수 있다는 것을 보여주고 싶었기 때문이죠."

자신의 삶을 재평가하라

앞에서 나는 다른 사람들이 원하는 일을 하다가 마침내 자신이 진정으로 하고 싶은 일을 하게 된 몇몇 사람들의 사례를 제시했다. 테레사 파크도 자신이 원하던 일을 하는 대신에 가족들의 요청에 따라서 성공한 전문 직업인이 되었다. 테레사는 평범하지 않은 어린 시절을 보냈다. 그녀의 아버지는 미국을 위해서 일했지만 테레사는 독일, 레바논, 오스트리아 등지에서 자랐다. 테레사는 가족들의 바람을 충족시키기 위해 하버드 법대에 들어가서 변호사가 되기로 했다. 많은 국제적인 경험과 인권 신장을 위해 일하겠다는 바람을 갖고 있던 그녀는 여름방학 때 우간다와 터키에서 인권단체와 함께 활동하기도 했다.

하버드 대학에서 마지막 학기를 마칠 무렵, 테레사는 엄청난 대학 융자금을 갚을 수 있는 최상의 방법은 대형 로펌에 들어가는 것이라고 생각했다. 그녀는 전국에서 가장 유명한 로펌 중 한 곳에서 일하기 위해 캘리포니아 주 팔로알토로 이주했다. 테레사는 15개월 동안 로펌에서 일했지만, 높은 보수와 명성과 특권 그리고 향후의 발전 가능성에도 불구하고 그다지 만족스럽지 않았다.

테레사는 자신의 삶과 경력 사항을 재평가해보았다. 캘리포니아 산타크루즈 대학에 다니는 동안 그녀는 정치학과 창작 과목을 복수 전공했다. 글쓰기에 대한 열망이 그녀의 마음 한구석에서 꿈틀거렸지만 작가가 될 생각은 없었다. 그래서 그녀는 출판 쪽을 염두에 두었다. 남편이 뉴욕의 한 로펌에서 일하기로 결정된 후, 그녀는 취직 대신 문학 에이전트의 가능성을 진지하게 알아보기 시작했다.

문학 에이전트는 작가 또는 작가 지망생과 출판사 사이에서 중간 역할을 담당하는 사람이다. 에이전트들은 출판할 가치가 있는 작가의 작품을 발굴해내려고 노력한다. 이러한 직업적 특성은 테레사의 마음을 끌었는데, 그것은 변호사 시절에 익혀둔 협상과 계약체결 기술을 사용할 수 있을 뿐만 아니라 자신의 창작 능력을 계발하는 계기가 될 수 있었기 때문이었다. 수많은 에이전트들은 출판사의 제의를 받을 정도로 작품의 가능성을 키우기 위해 초기 작품에 대한 편집과 방향성을 제공하면서 적극적으로 활동한다. 이 일은 테레사에게 적합한 분야였다.

미국에서 최고의 문학 에이전트들은 LA와 뉴욕에 거주하고 있는데, LA에는 시나리오 작품 에이전트가 많고 뉴욕에는 주로 서적 출판과 문학 관련 에이전트들이 활동한다. 테레사는 뉴욕으로 이주했다. 뉴욕에는 그녀가 아는 사람도, 정신적인 스승도 없었다. 그녀가 첫 번째로 시작한 일은 업계의 현황을 파악하는 것이었다. 그녀는 『문학 에이전트를 위한 완벽 가이드』라는 책을 구입하여 기초부터 배우기 시작했다. 그리고 뉴욕에서 상위 100위권에 드는 에이전트들에게 일일이 전화를 걸었다. 하지만 번번히 테레사는 그들로부터 냉담한 반응을 받아야 했다. 이것은 그녀에게 아주 우울한 경험이었다. "아무도 나와 이야기를 나누려고 하지 않았어요" 하고 그녀가 말했다. 그나마 다행스럽게도 그들의 비서나 보조 인력들과는 이야기를 나눌 수 있었다. "대부분의 에이전시가 1~3명 정도의 인원으로 구성되어 있었어요. 나는 여러 명의 보조 인력들로부터 정보를 얻어낼 수 있었지요. 결과적으로 그 정보들을 합쳐보니 아주 많은 내용을 배울 수 있었으며 그들이 어떤 일을 하고 있고, 일이 어떻게 진행되어 가는지를 알게 되었지요.”

테레사는 결코 단념하지 않았다. 폐쇄적인 성격의 업계를 뚫고 들어갈 때마다 부딪히는 온갖 도전과 장애물에도 불구하고, 그녀는 더 많이 배우면 배울수록 에이전트 일이 흥미로웠고, 정말로 자신이 하고 싶었던 일이라는 확신이 섰다. 그녀는 여러 곳에 이력서를 보내고 인내심을 갖고 기다린 끝에 드디어 인터뷰를 하게 되었다.

한 회사에서는 풀타임으로 보조 인력이 필요한 2명의 에이전트가 있었다. 그 두 사람은 모두 여성이었다. “그들은 내가 얼마나 열정을 갖고 있는지를 보는 것 같더군요. 나는 에이전트 일을 시작하기 위해 상당한 금전적 희생을 감수하기로 결정했습니다.” 그녀의 연봉은 겨우 1만 8000달러였다. 생각해보자. 테레사는 하버드 대학 출신의 변호사였으며, 팔로알토에서의 전 비서도 현재 그녀의 연봉보다 2배 정도 더 받았었다. 그러나 그녀의 마음은 이미 법조계를 떠났고, 자신이 열정을 품은 어떤 목표에 대해서 기꺼이 희생을 감수할 각오가 되어 있었다. 테레사는 문학 에이전트로 일하기를 원했고, 결국 샌드포드 그린버거 어소시에이트사에서 일하기로 결정했다. 이때 그녀는 자신의 업무 조건을 협상하여 업계에서 관행적으로 이어져 오던 2년 동안의 수련 기간을 거치지 않고도 작가를 발굴할 수 있는 권리를 얻어냈다.

테레사는 하루 종일 일하고 퇴근 무렵부터는 저자들이 보내온 출간 제안서와 원고들을 쌓아둔 ‘원고 더미’를 뒤지곤 했다. 출간 제안서는 에이전시의 관심을 끌기 위해 저자가 보내온 1페이지 분량의 글로, 원고 내용에 대한 설명과 저자 자신에 대한 소개의 글이 들어 있다. 제안서가 마음에 들면, 에이전트는 저자에게 전화를 걸어 전체 원고를 보내 달라고 요청한다.

테레사는 높이 쌓인 '원고 더미'를 뒤지면서 1년을 보냈다. 그러나 계속되는 야근에도 불구하고 그녀의 관심을 끄는 작품은 쉽사리 눈에 띄지 않았다. 그러던 어느 날 테레사에게 마치 자신의 소설 속에 나오는 이야기처럼 극적인 일이 벌어졌다. 동료 에이전트의 갑작스런 죽음으로 고인에게 보내온 출간 제안서와 원고들을 넘겨받게 된 것이다. 마침내 테레사는 마음에 드는 작품 하나를 발견했다. 그 원고는 1940년대 노스캐롤라이나를 배경으로 벌어지는 두 노인에 대한 이야기로서 지속적인 사랑의 힘을 가슴아프게 그려낸 250페이지 분량의 초고였다. 테레사는 이렇게 말했다. "그 작품은 눈물을 자아낼 만큼 낭만적인 이야기였어요. 나는 특별한 뭔가가 있으리라고 확신했지요."

테레사는 한 번도 책을 출간한 경험이 없는 28세의 약국 영업사원인 이 야심만만한 작가에게 전화를 걸었다. 그 원고는 25명의 다른 에이전트들에게 이미 거절당한 상태였다. "당신의 원고는 진흙 속에 묻힌 다이아몬드여서 많은 손질이 필요해요" 하고 테레사는 말했다. 테레사는 작가에게 작품을 수정해볼 것을 제안했고, 그는 그녀의 제안을 받아들였다. 그 후 테레사는 엄청난 양의 자료를 제공했으며, 두 사람의 공동 노력으로 많은 수정을 거쳐 만족할 만한 원고가 완성되었다. 테레사는 완성된 원고에 '메디슨 카운티의 다리'라는 제목을 붙여 여러 출판사에 원고를 보냈다. 워너북스의 제이미 랍은 그 작품을 보고 처녀작으로서는 파격적인 조건인 50만 달러를 제시했다. 그러나 테레사는 첫 번째 오퍼를 거절했는데, 다른 출판사가 원고를 가로채지 못하도록 잡아 두기 위한 사전 조치라고 확신했기 때문이었다. 테레사는 자신이 지금 베스트셀러를 손에 쥐고 있으며, 100만 달러 이상의 거래를 원한다고 과감하게 받아쳤다. 제이미는 테레사에게 다시 전화를 하겠다고 말했다. 이제부터 기다리는 게임이 시작된 것이다. 워너북스 측에서 테레사에게 다시 전화를 할까?

테레사의 멘토는 그녀가 제안을 거절한 것은 정신 나간 짓이라고 말했다. 그런데 놀랍게도 10분쯤 지나자 전화벨이 울렸다. 제이미 랍이었다. 워너북스는 오퍼 가격을 처음의 두 배인 100만 달러로 올렸고, 마침내 계약은 성사되었다. 제목이 「노트북」으로 정해진 니컬러스 스팍스의 이 처녀작은 미국을 비롯해서 전 세계적으로 2년 동안 베스트셀러 목록에 올랐다. 테레사는 저녁마다 원고 더미와 씨름하던 열악한 환경에서 벗어나 편안한 자신만의 사무실을 갖게 되었다. 이후 그녀는 계속해서 니컬러스 스팍스를 대신하여 몇 권의 소설을 영화화하기로 계약했다.

스팍스는 「유리병 속의 편지」, 「회상으로의 산책」, 「구출」, 「굴곡로」, 「로단테의 밤」 등의 후속작을 계속 발표했으며, 발표작마다 베스트셀러에 올라 35개국 언어로 번역되었다. 이 가운데 「유리병 속의 편지」는 1999년에, 「회상으로의 산책」은 2002년에 영화로 만들어졌고, 「노트북」을 영화화한 작품은 2003년에 개봉되었다. 그 동안 제이미 랍은 수석 부사장 겸 워너북스의 발행인이 되었고, 테레사 파크는 가장 성공한 문학 에이전트 중 한 명이 되었다.

문학 에이전트로서 일하고 싶다는 테레사 파크의 갈망은 대단한 것이었다. 그녀는 많은 희생을 감수했고 폐쇄적인 업계의 장벽을 뛰어넘었다. 그녀는 하고자 하는 일을 단념하지도, 자신감이 꺾이지도 않았다. "날마다 싫어하는 일을 하는 것보다 더 우울한 일은 없어요. 시작하긴 어렵지만 자신이 좋아하는 일을 하는 것이 비참한 상태로 있는 것보다 훨씬 낫지요." 테레사는 에이전트 일을 하는 것이 무척 행복할 뿐만 아니라 성공했다. 그녀는 자신의 열정을 추구했을뿐만 아니라 작가들로하여금 그들의 열정을 추구할 수 있도록 도와주었다.

성공을 위한 시간을
만들어라

제프리 J. 마이어는 『성공은 여정이다』라는 자신의 저서에서, "성공한 사람들은 매일 자신을 위하여 여분의 시간을 사용한다"고 썼다. 즉 어떤 일을 수행하고자 할 때, 그들은 남들보다 한 시간 일찍 일어남으로써 중요한 일들을 성취할 수 있다는 것이다.

여러분 중에는 그림 그리는 것을 좋아하면서도 시간을 내지 못하는 사람이 있을 것이다. 한 시간 정도만 시간을 내서 캔버스 위에 자신만의 영감을 표현해보라. 시나리오나 소설을 쓰는 것이 꿈이라면, 하루에 한 시간씩만 투자하면 얼마나 자신이 글을 잘 쓸 수 있는지 알고 놀라게 될 것이다. 작가인 스콧 투로우는 시카고에서 변호사로 일하면서 통근시간에 베스트셀러 소설인 『추정된 결백』을 완성했다.

또한 마이어는 하루 일과를 마치기 전에 전화를 한 통 더하거나 과제를 하나 더 수행하는 것이 얼마나 중요한지를 강조한다. 이것은 아직 자리에 남아 있는 수백 명의 사람들과 연락을 취할 수 있게 하기 때문에 자신의 업무 성과를 높이는데 도움이 되었다. 여러분도 이 시간에 차일피일 미뤄두었던 전화를 걸거나 다른 업무를 할 수 있다.

점심시간은 어떤가? 여러분은 점심시간을 생산적으로 활용하고 있는가? 아니면 상사나 동료 또는 고객에 대한 불평이나 늘어놓으면서 시간을 허비하는가? 삶의 부정적인 측면에 자신의 에너지를 낭비하지 말고, 긍정적인 목표를 향하여 꾸준히 나아가라.

여러분이 시간 스케줄을 정해놓고 행동한다면 목표를 성취하기에 지금보다 훨씬 더 유리한 위치에 설 수 있고, 여분의 시간을 만들어 단 하나의 업무에 에너지를 집중할 수 있을 것이다. 설령 자유분방한 스타일이라 하더라도, 스케줄은 여러분이 학습과 성취에 필요한 시간을 찾는데 도움을 줄 것이다. 지금 당장 여러분은 삶에서 정말로 중요한 무엇인가를 수행하기 위한 시간을 만들어야 한다.

　꿈이 있다면, 여러분은 다른 사람들보다 커다란 경쟁력을 갖고 있는 것이다. 자신의 강점이 무엇이고, 무엇을 하고자 하는지 정확하게 알고 있다면, 분명 성공에 한 발 더 다가가 있는 것이다.

　하지만 꿈을 추구하는 것은 때때로 많은 희생을 필요로 한다. 그리고 성공을 성취하기 위해서는 힘든 싸움을 할 준비가 되어 있어야 한다. 남보다 아침 일찍 일어나 뭔가를 할 수 있어야 하고, 꿈을 성취하는 데 집중하기 위해 다른 것을 포기할 수 있어야 한다. 꿈을 추구하기로 결심한 사람들은 도전 과정에서 나타나는 모든 부정적인 결과들을 압도하는 열정으로 기꺼이 희생하고 감내한다.

희망과 긍정의 힘을 믿어라

노르웨이 출신의 모험가인 소르 하이에르달은 페루에서 폴리네시아에 이르는 약 5000마일의 거리를 발사나무로 만든 뗏목을 타고 101일 동안이나 항해했다. 하이에르달의 모험 이야기를 읽다 보면 그는 도무지 겁이라곤 없는 사람처럼 느껴진다. 전문가들은 수일 내에 뗏목이 바닷물에 잠길 것이라고 예측했지만, 하이에르달은 물에 빠질지도 모른다는 두려움을 이겨내며 결코 항해를 중단하지 않았다.

하이에르달은 대담한 방법으로 물에 대한 두려움을 극복했다. 다른 사람 같았으면 커다란 배를 타고 바다를 항해하면서 물에 대한 두려움을 극복했을 것이다. 그러나 하이에르달은 나무로 만든 작은 뗏목을 타고 대양을 항해했으며, 그 과정에서 거센 파도와 드넓은 바다를 사랑하는 법을 배웠다.

하이에르달은 한 순간도 두려움에 자신을 내맡기지 않았다. 그는 희망과 뗏목 하나에 몸과 마음을 의지한 채로 미지의 지역과 해안을 탐험했다. 하이에르달은 나폴레온 힐이 말한 긍정적인 마음 자세를 지니고 있었다. 그런 사람들은 믿음, 희망, 낙천주의와 같은 긍정적인 성격을 지니고 있는 사람들이다.

두려움이 꿈과 열정을 추구하는 데 방해가 되지 않게 하라. 꿈과 열정은 바로 삶의 전부이기 때문이다. 비행사인 에릭 린드버그는 할아버지인 찰스 린드버그가 1927년에 대서양을 논스톱으로 단독 비행한 영광을 다시 한번 재현해보고 싶었다. 찰스 린드버그는 33시간 반 만에 '세인트루이스의 정신'이라고 이름 붙여진 단엽기를 타고 뉴욕에서 파리까지 비행을 했었다. 그 비행 구간은 여러 명의 다른 비행사들이 목숨을 잃었던 곳이기도 하다. 하지만 안타깝게도 에릭 린드버그는 비행을 얼마 앞두고 관절염이 악화되어 대서양 횡단의 꿈을 잠시 보류해야만 했다.

그러나 에릭 린드버그는 자신의 꿈을 포기하지 않았다. 그는 관절염을 완화시켜주는 신약을 복용한 후 비행을 재개하여 마침내 대서양을 횡단하는 데 성공했다. '세인트루이스의 새로운 정신'을 타고 할아버지의 비행 기록을 절반 이상 단축한 16시간 만에 대서양을 횡단했다. 그는 또한 샌디에이고에서 세인트루이스까지, 다시 세인트루이스에서 뉴욕까지 할아버지의 비행 경로를 그대로 재현하기도 했다.

찰스 린드버그는 해수면에서 100피트 거리도 안 되는 상공을 비행했으며, 비행 도중 먹은 거라곤 몇 조각의 샌드위치와 물 2통 뿐이었다.

거기다 정교한 항해 장치나 안전 장비를 갖추지 못해 잠망경을 장착해서야 연료탱크 너머의 전망을 겨우 볼 수 있었다.

찰스 린드버그와 에릭 린드버그는 많은 악조건 속에서도 두려움을 극복하고 자신들의 꿈을 포기하지 않음으로써 마침내 그 꿈을 실현할 수 있었다. 이처럼 성공하는 사람들은 그들이 꿈꿔온 삶을 현실로 만드는 방법을 찾아내는 반면, 성공하지 못하는 사람들은 무언가 시도도 해 보기 전에 그것이 불가능한 이유부터 찾으려 한다. 그런 사람들은 꿈을 성취하지 못하는 것을 바쁜 직장일이나 집안일 탓으로 돌리거나 부족한 시간 핑계를 댄다.

불굴의 정신은
희망과 신념에서 나온다

1965년 9월 9일, 해군 전투기 조종사인 제임스 스톡데일은 북부 베트남 상공에서 폭격 임무를 수행하다가 적군의 대공포에 격추되었다. 당시 그는 비행기에서 탈출을 시도하면서 등 쪽에 심한 부당을 입었다.

스톡데일은 낙하산이 지상에 내려앉자마자 곧바로 체포되어 북부 베트남 포로 수용소에서 8년 동안이나 갇혀 살았다. 그는 자신이 처한 운명을 의연하게 받아들이고 적군의 잔혹한 대우를 태연히 견뎌냄으로써 끔찍한 현실에서 살아남았다. 스톡데일은 1965년부터 1973년까지 20차례가 넘는 고문을 받았으며, 수용소 내에서 포로로 잡힌 동료들과 연락을 취하면서 그들이 고립감에 빠지지 않도록 배려했다. 그는 위험을 무릅쓰면서 고국의 아내에게 비밀 정보를 전송하기도 했다.

스톡데일은 저항의 표상이 되기로 결심하고 고의로 자신의 몸을 자해함으로써 굴복을 하느니 차라리 죽음을 택하겠다는 결연한 의지를 보여주었다. 그는 면도기로 살을 베거나 몽둥이로 자신의 몸을 때려 깊은 상처를 내기도 했다.

훗날 포로 수용소에서 풀려 나온 스톡데일은 의회에서 수여하는 명예훈장을 받았다. 해군 역사상 비행사이면서 의회 훈장을 받은 최초의 3성 장군인 스톡데일은 군복무 기간에 받은 4개의 은성훈장을 포함하여 26개의 훈장으로 군복을 화려하게 장식했다.

적군의 포로 수용소에서 스톡데일이 보여준 불굴의 정신은 희망과 신념에서 비롯되었다. 그는 살아 돌아갈 수 있다는 희망을 버리지 않았고, 그런 희망이 있었기에 결코 좌절하지 않고 가혹한 현실에 당당히 맞설 수 있었다.

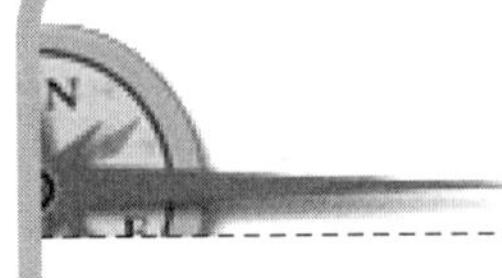

대부분의 사람들은 성공을 열망하지만 한편으로 실패를 두려워한다. 이러한 두려움 때문에 사람들은 더 새롭고 더 나은 삶을 위한 시도를 주저한다. 실패의 두려움이 체념과 힘겨운 생활의 감옥 안에 우리를 가둬놓는 것이다.

아무리 위대한 업적도 두려움에 맞서는 용기가 없이는 달성하기 어렵다. 그러한 용기를 주는 것은 바로 희망이다. 희망은 두려움을 치유하는 비밀스러운 해독제이며, 성공의 저울이 여러분 쪽으로 기울게 하는 감정의 평형추이다.

스스로 성공에 대한 확신이 없다면 아무도 그것을 믿어주지 않을 것이다. 자신의 꿈이나 목표를 분명하게 내다볼 수 없다면 아무도 그것을 보지 못할 것이다. 여러분은 성공을 방해하는 부정적인 기운을 물리치고 성공에 대한 확고한 신념으로 그것을 대체해야 한다.

희망은 여러분이 최고의 목표를 성취할 수 있도록 동기를 불어넣는다. 신념과 희망은 감정의 은행에서 인출한 동전과 같다. 가슴 속에 담아둔 성공을 향한 신념과 희망을 일깨우기 위해 감정 주머니를 수시로 흔들어보라.

매일 자신의 목표에 집중하라

공군에서 복무하던 시절, 나는 백악관 연구원 프로그램을 알리는 잡지 광고를 보는 순간 그것이 내가 정말로 해보고 싶었던 일이라는 생각이 들었다. 며칠 뒤 안내 자료를 받아 침대맡에 두고 매일 밤 잠자리에 들기 전에 읽어보면서 내가 과연 백악관 연구원이 될 능력이 있는지 생각해보았다. 그리고 나는 그 프로그램에 대한 정보를 잘 알고 있는 사람들에게 조언을 구했다.

한번은 파나마에서 『유에스 뉴스 앤 월드 리포트』의 발행인인 모트 주커만과 갤빈 장군을 함께 만난 적이 있었다. 그 당시 나는 백악관 연구원 프로그램에 온 정신이 팔려 있었다. 주커만과 갤빈 장군을 만난 자리에서 나는 백악관 연구원이 되고 싶다는 바람을 털어놓았다. 나중에 알고 보니 주커만 씨는 보스턴 지역의 백악관 연구원 선정 위원이었다. 그분은 친절하게도 나를 위하여 추천서를 써 주었다.

주커만 씨는 또한 갤빈 장군처럼 나의 업무 수행에 대해 잘 알고 있는 사람의 추천장이 있으면 큰 도움이 될 것이라는 조언도 해주었다. 갤빈 장군은 훌륭한 추천서를 써 주었을 뿐만 아니라 파나마 남부지역 미군 사령관인 버나드 뢰프케 장군도 소개해주었는데, 뢰프케 장군도 1970년대에 백악관 연구원으로 일한 경력이 있기 때문이었다.

뢰프케 장군은 남미에서 우리의 군사 전략에 대해 유명인사들을 상대로 프리젠테이션을 할 때 만난 적이 있었다. 나는 약속시간을 정하려고 뢰프케 장군의 사무실로 전화를 걸었다. 전화를 받은 장군의 부관이 이렇게 말했다. "장군님은 내일 05시에 만나고 싶어하십니다. 오실 때 M14를 지참하십시오."

나는 잠시 말을 멈추었다. 내 마음이 흔들리고 있었다. 잠시 뒤 나는 재빨리 이렇게 말했다. "하지만 공군에서는 M14를 보급해주지 않았는걸요."

"그건 문제 없습니다." 부관이 말했다. "우리 육군에 여분의 M14가 있으니 중위님을 위해서 하나 갖다드리죠."

고맙다는 인사와 함께 마지막 인사를 하려는데 부관이 다시 말을 이었다.

"아, 그런데 내일은 완전군장을 하고 2마일을 뛰면서 장군님과 만나게 될 겁니다."

나는 알았다고 말하고 바로 수화기를 내려놓았다. 나는 어떤 운명 같은 예감을 느꼈으나 지금 내가 처한 상황은 도저히 믿을 수가 없었다.

이것은 내가 예상했던 것이 아니었다. 여러분에게 05시는 오전 5시일 뿐이며 M14는 그저 라이플총 정도로 여겨질 것이다. 그러나 M14의 무게는 실탄을 장전하지 않았을 때도 9파운드나 된다. 나는 완전군장에 소총까지 들고서 아침 일찍 구보하는 것에 익숙하지 않았다. 하지만 어쩌면 이것은 흥미로운 일일 수도 있다.

다음 날 나는 약속대로 오전 5시에 뢰프케 장군을 만났다. 장군을 만나러 나왔을 때는 채 어둠이 걷히지 않은 상태였다. 하지만 정글은 새 날의 시작을 알리는 소리로 활기가 넘쳤다.

뢰프케 장군의 첫인상은 영락없는 육군 장성의 포스터 이미지 그대로였다. 장군은 6피트의 키에 머리는 달빛에 반짝거리는 대머리였다. 몸매는 날씬하고 균형이 잡혀 있었는데 넓은 어깨와 작은 엉덩이가 마치 올림픽 수영선수 같아 보였다.

나는 가까이 다가가서 고함을 치듯 큰 소리로 경례를 했다.

“쉬어.” 그가 날카롭게 말했다. 큰 소리로 말한 것은 잘 한 일인 것 같았다. 장군도 나처럼 고함을 치고 있었다.

“중위, 내 옆에 서게.” 나는 그가 나를 시험하려 한다는 것을 알아차렸다. 나는 재빨리 뒤돌아서 장군의 옆에 섰다. 내 뒤로는 부대원들이 새벽 구보를 하기 위해 집합해 있었다.

구보를 시작하라는 명령이 떨어지자마자 나는 장군과 함께 뛰고 있었다. 우리 두 사람은 거의 1마일을 달렸다. 뢰프케 장군은 빛나는 전투화를 신고 보도 위를 미끄러지듯 나아갔다. 그는 달리기에만 온 정신을 집중하고 있었다. 장군은 나를 한번도 쳐다보지 않았고 말 한마디 건네지도 않았다. 나 역시 아무 말도 꺼낼 수가 없었다. 그것은 마치 포커 게임과 같았다. 나는 기죽지 않으려고 애를 썼지만 안으로는 서서히 무너져 내리고 있었다. 장군은 내 가슴속에서 울리는 터질 듯한 심장소리를 틀림없이 들었을 것이다.

1.5마일을 알리는 지점에서 뢰프케 장군은 달리던 걸음을 늦추고 고개를 돌려 말했다. "육군 장성이 공군 중위와 동시에 결승선을 통과한다는 것은 옳은 일이 아닌 것 같군."

말을 마치자마자 장군은 다시 속력을 내어 빠르게 달리더니 어디론가 사라져버렸다. 만일 적이 내 뒤통수를 겨누고 있다 하더라도 그때는 도저히 더 빨리 뛸 수도, 장군을 따라잡을 수도 없었다. 갑자기 백악관 연구원 계획이 지평선 너머로 사라져버린 듯한 느낌이 들었다.

달리는 속도를 조절하면서 나는 다른 대안을 떠올려보았다. 전역 후에 일반 기업체에서 일하는 것도 나쁘진 않을 것이다. 나는 낙심한 표정으로 힘없이 근무지로 돌아왔다.

그날 늦게까지 일을 하고 있는데 전화벨이 울렸다. "가르시아 중위님이십니까?" 수화기 너머로 날카로운 목소리가 들려왔다. "저는 뢰프케 장군의 부관입니다."

나는 속으로 무척 놀랐지만 애써 태연한 체했다.

"장군님께서 내일 5시에 중위님을 만나고 싶어하십니다."

"오전 5시요?" 나는 아니기를 빌면서 물었다.

"아닙니다. 오후 5시입니다." 나도 모르게 안도의 한숨이 나왔다.

"이번에도 달리기를 하십니까? 소총을 휴대할까요?" 걱정스런 목소리로 내가 물었다.

"아닙니다. 장군님의 집무실로 오십시오." 보좌관은 딱딱한 어투로 짧게 말했다.

다음 날 나는 집무실에서 장군을 만났다. 이번 만남은 상당히 우호적인 분위기에서 이루어졌다. 놀랍게도 장군은 젊은 장교들을 지도하는 것을 커다란 즐거움으로 여기는 분이었다. 뢰프케 장군은 1970년에 백악관 연구원으로 활동하였으며 1973년에는 연구원 프로그램 운영 책임자로 임명되어 연구원 충원과 교육 스케줄 관리를 담당하기도 했다. 그가 뽑은 연구원 중에는 국무장관을 지낸 콜린 파월도 있었다.

장군은 나와 한 시간 정도 이야기를 나누면서 프로그램의 장단점과 지원 과정, 인터뷰에 응하는 방법 등을 알려주고 추천장도 써 주었다. 장군의 도움으로 나는 백악관 연구원이라는 목표를 실현하기 위한 전략을 세울 수 있었고, 그 결과 현재는 백악관 연구원 재단 이사회에서 일하고 있다.

매일 자신의 목표에 초점을 맞춰라

수년 전에 짐 캐리는 영화배우가 되어 1200만 달러짜리 출연 계약을 맺을 것이라고 공언했다. 그는 자신의 목표에 집중하기 위해 1200만 달러짜리 수표를 항상 지니고 다녔다. 이 당시는 짐 캐리가 스탠딩 코미디 경력을 포기하고 '인 리빙 컬러'라는 TV 쇼에 합류할 때였다. 짐 캐리는 이 프로그램에서 출발하여 대형 영화배우로 성장해 갔다. 그러는 동안에도 캐리는 수년 전에 자신이 발행한 1200만 달러짜리 수표를 잊지 않았다. 짐 캐리의 목표는 메이저 영화의 스타가 되는 것이었으며, 그

수표는 그가 자신의 목표를 실현할 수 있도록 도왔다. 몇 편의 영화에서 성공을 거둔 후에 캐리는 「배트맨 포에버」에서 조커 역으로 최고의 인기를 누렸다. 그 영화에 출연한 대가로 받은 돈은 더 이상 농담이 아니었다. 그는 1200만 달러를 개런티로 받았던 것이다!

영화배우인 브루스 리는 1970년에 자신에게 보내는 편지를 썼다. 편지에서 그는 1980년까지 미국에서 가장 유명한 아시아계 영화배우가 되어 1000만 달러를 벌겠다고 다짐했다. 비록 브루스 리는 젊은 나이에 비극적으로 생을 마감했지만 그는 죽기 전에 자신이 세운 목표를 달성했다.

맥도날드에서 업무성과 컨설팅을 하는 케빈 엘코 박사는 결과 목표와 과정 목표를 구분한다. 우리가 성취하고자 하는 것이 결과 목표라면, 과정 목표는 성공을 위한 처방이자 결과 목표를 성취하기 위해 따라야 하는 계획이다. 엘코 박사에 따르면, 우리로 하여금 궁극적인 목표에 이르도록 하는 것은 과정이다. 그리고 목적지에 도달하기 위해서는 성공에 따르는 보상을 볼 수 있어야 한다. 자신만의 수표를 발행하는 것이든 종이에 목표를 적어가지고 다니는 것이든, 결과 목표를 시각화하는 작업은 꿈을 현실로 바꾸는 데 도움이 된다.

자신이 하고 싶은 것이 무엇인지 알았다면, 이제는 그 목표를 분명히 하고 날마다 거기에 집중해야 한다. 자신의 목표를 글로 적어 거울에 붙여놓거나 자동차 계기판에 붙여놓아라. 지갑 속에 넣고 다녀도 좋다. 매일매일 목표에 초점을 맞추고 그것을 잠재의식 속에 기록해두라. 그렇게 함으로써 일상적인 활동을 하는 동안 특정한 상황이 일어날 때 잠재의식은 여러분이 목표를 향해 나아가도록 이끌어줄 것이다.

여러분은 예전에는 생각지도 않았던 누군가에게 그 목표에 대해서 말하게 될지도 모른다. 그리고 이것은 여러분이 목표에 한 발 더 가까이 다가가게 하는 뜻밖의 만남이나 반응을 가져올 수 있다. 또한 여러분은 자신의 내부에 잠재된 에너지를 활성화시키는 어떤 힘을 느끼게 될 것이다. 그리고 그 힘은 꿈을 성취하는 데 필요한 모든 것들을 끌어당길 것이다.

도전하기에 너무 늦은 때란 없다

여러분은 자신의 목표나 꿈을 추구하기에 결코 늦은 나이가 아니다.
물론 나이가 들면 그랜드 슬램을 달성하기는 어려울 수 있지만 목표를
갖는 것은 매우 중요하다. 게일 쉬이는 자신의 대표작 『역경』에서 세
종류의 '성인기'에 관하여 말한다. 그 가운데 3차 성인기는 60세부터
시작되는데, 이때 사람들은 자신의 존재를 발견하고 지나온 삶을 되돌
아봄으로써 인생을 다시 시작한다. 여러분은 이제부터 취미생활이나
봉사활동에 시간을 할애할 수도 있고, 살아오면서 열정을 추구해본 적
이 없다면 지금 그것을 시도해볼 수도 있다. 자신에게 어떤 열정이 있
는 모른다면 어릴 적에 가장 해보고 싶었던 일이 무엇인지 생각해보고
일단 그것부터 시작하라.

마이애미에 있는 배리 대학에 재학 중인 61세의 주디 엘러는 1957년과 1958년 US 주니어 골프 챔피언십에서 연속 우승을 거머쥔 프로 골퍼이다. 엘러는 이듬해 커티스컵에 미국 대표팀 선수로 참가하여 또 한 번의 우승을 차지했다. 하지만 그녀는 1961년 결혼과 함께 골프계에서 완전히 은퇴했다.

그로부터 많은 세월이 흐른 뒤 주디 엘러는 우연한 계기로 다시 골프를 시작했다. 그녀는 배리 대학에서 주최한 체육인 시상식에 참석했다가 골프 감독인 로저 화이트를 만나 이런저런 얘기를 나누다가 자신이 전국 대학 체전에 출전할 자격이 있다는 사실을 알게 되었다.

2001년 주디 엘러는 배리 대학에 등록을 하고 체중을 20파운드나 감량한 후 골프장에 다시 나타났다. 이후 그녀는 36홀을 돌 때까지 골프 가방을 직접 매고 다니면서 자신보다 한참 어린 선수들과 실력을 겨루었으며, 경기가 끝나면 다시 학교로 돌아와 평범한 학생들처럼 학과 공부에 열중했다.

또 다른 여성인 헬렌 후븐 산트마이어의 열정은 나이도 막지 못했다. 그녀의 처녀작인 『클럽의 부인들』은 200만 부가 팔리는 베스트셀러를 기록했는데, 책이 출간되었을 당시 그녀는 80대의 노인이었다.

여류 작가인 밀드레드 벤슨은 96세의 고령에도 『톨레도 블레이드』지에서 현역으로 일했다. 이로써 2002년 5월 사망할 때까지 벤슨은 미국에서 가장 나이 많은 현역 저널리스트로 기록되었다. 벤슨은 저널리스트로서 자신의 꿈을 추구하였을 뿐만 아니라 소녀들에게 꿈과 희망을 심어주었다. 벤슨은 강한 모험심과 대담한 성격을 지닌 여성이었다. 그녀는 환갑의 나이에 과감하게 비행을 시도하였을 뿐만 아니라 개인 비행 자격증까지 취득할 정도로 열정적이었다. 벤슨은 또한 중앙아메리카 원주민들과 함께 정글을 통과하는 카누 여행에 도전하기도 했다.

새 타이어를 갈아 끼우고 다시 출발하라

카플란 교육센터의 설립자인 스탠리 H. 카플란은 지금도 연설활동을 계속하고 있으며 82세의 고령에 책을 출판하기도 했다. 기자들과 인터뷰를 하면서 카플란은 이런 말을 했다. "나는 은퇴하는 것이 아니라 새 타이어를 갈아 끼우려고 잠시 퇴장하는 것뿐이라오."

루이지애나 주지사인 마이크 포스터는 70세에 법대에 입학하였으며 80세에 박사 학위를 받았다. 샌더스 대령은 60대에 KFC를 설립하여 놀라운 성공을 거두었다. 손주를 여럿 둔 할머니인 모세스가 화가로 활동하기 시작하였을 때 그녀의 삶은 다시 활력에 넘쳤다. 상원의원을 지낸 존 글렌은 언젠가 우주여행을 해보겠다는 꿈을 가지고 있었다. 글렌은 1962년에 프렌드십 7호를 타고 지구 궤도를 세 바퀴나 돌았으며 77세 때인 1988년에는 우주왕복선 디스커버리호에 승선함으로써 자신의 꿈을 이루었다.

의료 봉사자의 길을 선택한 퇴역 장군

새벽 5시에 일어나 완전군장으로 구보를 즐기던 버나드 뢰프케 장군은

40년 간의 군복무를 마치고 은퇴한 이후에도 자신의 비범한 행적을 계속 이어가고 있다. 장군은 현재 그가 맨 처음 가졌던 꿈을 다시 추구하고 있는 중이다.

뢰프케 장군은 어렸을 적에 부모님과 함께 여행을 하면서 의사가 되겠다는 꿈을 키웠다. 그의 아버지는 대학 교수였고 스페인 태생인 어머니는 어린 아들에게 언어와 문화에 대한 사랑을 심어주었다. 장군의 가족은 파리와 남미 등 여러 지역에서 살다가 마지막으로 뉴욕에 정착했다. 그는 수영 챔피언이란 타이틀 덕분에 웨스트포인트에 입학하게 되었으며 그 이후로 의사의 꿈은 멀어져 갔다.

은퇴 후 뢰프케 장군은 무기와 차량을 판매하는 한 군수업체로부터 채용 제의를 받았다. 하지만 군 생활을 끝마치고 나서 가난한 사람들을 위해 의료봉사를 하겠다는 그의 의지는 확고했다. 이 꿈을 이루기 위해 장군은 2년 과정의 의사 보조사 프로그램을 이수하였으며 수술을 일부 수행할 수 있는 자격증을 땄다. 이처럼 군대에서 은퇴한 이후로도 장군의 삶은 현역 때와 마찬가지로 한치의 나태함도 보이지 않았다.

뢰프케 장군은 아프가니스탄, 캄보디아, 중국, 과테말라, 수단, 베트남 등지로 의료봉사를 다녔다. 그는 또한 리더십 프로그램을 이수한 후 다른 사람들을 직접 가르치기도 했다. 장군은 요즘도 신체 단련을 위해 해변을 매일 5킬로미터씩 달리고 있으며 75세가 되는 해에는 하와이 철인 3종 경기에 도전할 계획을 세워두고 있다.

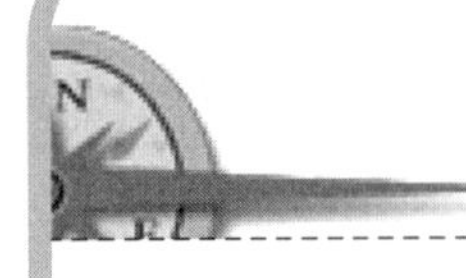

    성공을 성취하는 것은 나이에 관계없이 가능하다. 나이를 먹더라도 자기 발전을 위한 노력은 계속되어야 한다. 이를 위해 적극적인 마음 자세를 지니는 것이 무엇보다 중요하다. 최신 컴퓨터 프로그램을 배우든, 브릿지 게임을 하든 항상 새로운 것을 시도해보고 경험과 지식을 확장하기 위해 끊임없이 노력하라. 이웃을 위해 자원봉사를 하거나 지역사회 활동에 참여하는 것도 활기찬 삶을 유지하는 좋은 방법이다.

    나이가 들수록 신체적인 운동뿐 아니라 정신적인 운동을 병행해야 한다. 항상 몸과 마음을 활동적인 상태로 유지하도록 노력하라. 성공하는 사람들은 과거를 돌아보기보다는 목표를 세우고 앞으로 나아간다. 나이에 관계 없이, 마음을 꿈과 의욕으로 충만되게 하라.

passion, endurance, action

goal, belief, success code

모든 성공은 준비된 것이다

레이와 로즈 차베스는 준비의 중요성을 잘 알고 있다. 차베스 부부는 비록 고등학교밖에 못 다녔지만 자식들만은 대학에 다니기를 원했다. 그런 부부의 바람대로 5명의 아이들은 모두 대학을 졸업했다.

아이들이 어렸을 때부터 차베스 부부는 TV 시청을 제한했으며 아이들이 글을 깨치기 전까지는 항상 책을 읽어주었다. 부부는 아이들의 학교생활과 인생을 준비하기 위해 부모로서 희생을 감수했는데, 여윳돈이 생기면 휴가를 떠나거나 자동차를 새것으로 바꾸는 대신 아이들에게 책을 사주었다.

힘든 생활을 참아내며 자녀들에게 헌신해온 결과, 차베스 부부는 커다란 보상을 받았다. 2001년에 막내인 엘레나가 하버드 대학을 우수한 성적으로 졸업한 것이다. 엘레나 외에 4명의 아이들도 모두 하버드 대학을 졸업했다. 부모의 헌신적인 노력으로 5명의 자녀 모두가 최고의 교육을 받음으로써 사회에서 두각을 나타낼 수 있게 된 것이다.

서점에 가보면 다양한 직업을 소개하는 책들이 많이 나와 있다. 그 책들을 사서 읽어보라. 여러분이 추구하고자 하는 삶이 무엇이든 그 책들을 통해 통찰력을 기르고 멘토를 찾는 데 도움을 받을 수 있다. 또한 잠재적인 멘토나 고용주에게 여러분의 관심이 얼마나 높은지 확신시키고 다른 후보자들보다 유리한 위치에 설 수 있도록 해준다.

독서는 업무에 관련된 책에만 한정되어서는 안 된다. 뉴욕의 교육 위원회와 문화계 인사들은 청소년과 성인들이 독서를 하도록 동기부여하는 책을 적극 권장하고 있는데, 그 가운데 『컬러 오브 워터(The Color of Water)』는 뉴욕인들을 위한 첫 번째 권장 도서로 선정된 바 있다.

제임스 맥브라이드가 쓴 이 책은 저자가 11명의 형제들과 함께 할렘, 브루클린, 퀸즈에서 성장했던 실제 이야기이다. 맥브라이드의 아버지는 아프리카계 미국인인 침례교 목사였고, 어머니는 폴란드계 이민자인 유태인 랍비의 딸이었다.

맥브라이드의 어머니는 의지가 강한 여성이었으며 종교와 교육의 힘을 굳게 믿는 분이었다. 그녀가 흑인 남자와 결혼했을 때 가족과 친척들은 유대교의 시바신에게 기도를 올렸다. 유대인들은 누군가가 죽었을 때 시바신에게 기도를 한다. 결혼과 함께 기독교로 개종한 그녀는 남편을 도와 브루클린에 침례교회를 세웠다.

남편이 사망한 뒤에 레이첼은 또 다른 아프리카계 미국인과 재혼을 했다. 두 번째 남편은 그녀의 여덟 자녀를 보살폈고 이후 4명의 아이를 더 낳았다. 어려운 살림을 꾸려 가면서도 맥브라이드의 어머니는 아이들에게 항상 교육의 중요성을 강조하였으며, 정신이 비어 있다면 돈은 아무런 의미가 없다고 가르쳤다.

아이들은 그런 어머니의 말씀을 가슴 깊이 새겨두었다. 어려운 환경 속에서도 12명의 아이들은 모두 대학에 들어가 대부분 석사학위까지 취득했다. 컬럼비아 대학에서 저널리즘으로 석사학위를 받은 맥브라이드는 유명한 색소폰 연주자이자 작곡가로 활동하고 있다. 어머니 자신도 환갑을 훨씬 넘긴 나이에 탬플 대학에서 사회복지학 학위를 받았다. 맥브라이드는 언젠가 어머니에게 하느님이 흑인인지 백인인지 물어본 적이 있었는데, 그녀는 이렇게 대답했다고 한다. "애야, 신은 물색이란다. 하지만 물은 색깔이 없지."

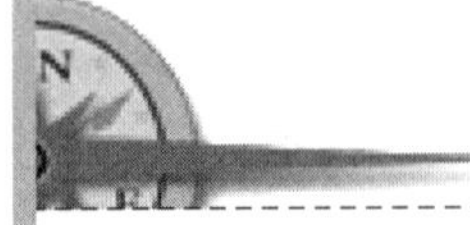

계획과 준비는 성공의 핵심 요소이다. 여러분이 특정한 직업이나 특정한 분야에 열정이 있다면, 그에 관한 모든 사항을 알고 싶을 것이다. 이때 그 분야에서 이미 성공한 사람을 여러분의 멘토로 삼는다면 큰 도움이 될 것이다. 빌 게이츠나 워렌 버핏과 같은 멘토는 직접 만날 수는 없다 해도 책을 통해서 그들의 인생 철학이나 사업 전략을 엿볼 수 있다.

나는 『금융시장의 마법사』라는 책을 통해 월스트리트의 전설적인 트레이더인 버지 슈와르츠라는 인물을 상세히 알게 되었고, 그를 멘토로 삼기로 결심했다. 만약 그 책을 접하지 못했더라면 버지 슈와르츠라는 인물에 대해서 알지 못했을 것이고 어쩌면 나의 진로도 다른 방향으로 정해졌을지 모른다.

백악관 연구원 프로그램에 대한 홍보 자료를 읽고 난 뒤에 나는 연구원으로 선정되는 데 모든 초점을 맞추었다. 백악관 연구원으로 선정되지 않았더라면, 내 인생은 아마 다른 길로 들어섰을 것이다. 인생에서 훌륭한 멘토를 만나는 것은 꿈을 실현하는 데 있어 티핑 포인트이다. 여러분의 추구하고자 선택한 분야에서 여러분을 도와줄 수 있는 멘토를 찾아라.

아이디어 개발에 시간을 써라

기업가들은 다른 사람의 아이디어를 이용해 자신의 창조성을 강화할 수 있다. 로버트 하그로브는 기업가의 유형을 2가지로 구분했다. 새로운 것을 창조하는 부류와 창조적 모방을 하는 부류가 그것이다. 기업가들은 창조적 모방을 통해 자신들의 사업에서 새로운 수익 창출의 기회를 만들어낸다. 월마트의 창업자인 샘 월튼은 훌륭한 사업 아이디어 몇 가지를 다른 업체들이 사업을 운영하는 것을 관찰하여 얻었다.

아서 K. 멜린은 1950년대에 프리스비(놀이용 플라스틱 원반)를 대중화시킨 회사를 설립했다. 그러나 에드워드 E. 헤드릭은 이 아이디어를 응용하여 훨씬 더 좋게 만들었다. 헤드릭은 프리스비에 홈을 파고 불필요한 부분을 제거했다. 동심원으로 파인 홈은 공기의 저항을 줄여줌으로써 처음에 나온 제품보다 더 정확하고 더 멀리 날릴 수 있었다.

　미 중소기업 연합회는 중소기업의 오너들이 어떻게 시간을 할애하는지 알아보기 위해 조사를 실시했다. 조사 결과 이들은 회사 운영에 42퍼센트, 세일즈와 마케팅에 22퍼센트, 기획 및 전략 수립에는 10퍼센트를 할애하고 있는 것으로 나타났다. 이 조사는 기업 오너들이 비즈니스를 성장시킬 창조적인 아이디어를 연구하는 데 충분한 시간을 투자하지 않고 있음을 보여준다.

명상으로 창조성을 길러라

최근 훌륭한 아이디어가 떠오른 때는 언제였는가? 끊임없이 멋진 아이디어가 떠오르는 것을 상상할 수 있는가? 특히 광고와 같은 일부 비즈니스에서는 이 같은 상상력이 넘치는 아이디어들이 필요하다.

　파울라 앙코나는 창조성을 기르기 위해서는 아이디어를 기록하는 습관을 갖고 다양한 활동을 해보라고 제안한다. 이를테면 새로운 취미활동을 시작하거나 자신의 스타일에서 벗어나는 행동을 과감히 시도해보는 것이다. 지금까지 해오던 것과는 다른 방식으로 작업을 하거나 다른 부류의 사람들과 식사를 하면서 대화를 나누는 등 틀에 박히지 않은 사고의 시간을 여러분의 스케줄에 넣어라.

　명상은 새로운 아이디어를 떠올리기에 좋은 방법이다. 마음을 비우면서 동시에 특정한 해결책에 초점을 맞추라는 것은 서로 상반되는 말처럼 들릴 수도 있다. 그러나 고요하고 평화로운 분위기에서 우주의 에너지를 향해 마음을 열어놓음으로써 좋은 아이디어와 해결책을 떠올릴 수 있다.

나폴레온 힐은 어떤 방식으로 목표를 성취할 것인지를 매일매일 연구하고 생각하고 계획하라고 말한다. 이를 위해 그는 정확하고 간결하게 행동 계획을 적어볼 것을 제안한다. 행동 계획에는 자신이 원하는 것이 무엇이고, 언제 그것을 달성하고자 하는지가 명확히 드러나야 한다. 나폴레온 힐은 이렇게 말한다. "당신이 마음을 먹는다면, 그것이 무엇이든 당신은 성취할 수 있다."

브라이언 트레이시는 고독과 명상의 실천을 강조하면서 이렇게 썼다. "어떤 문제에 대한 답을 원한다면, 어려운 상황에 대한 해결책을 원한다면 고독에 잠겨보라. 일상의 분주함에서 벗어나 한 시간 동안 명상에 들어가라. 내면의 소리에 귀 기울이고 자기 안으로 침잠함으로써 인간은 비로소 위대해질 수 있다. 그리고 어느 순간에 새로운 아이디어와 통찰이 마음 깊은 곳으로부터 흘러나온다."

우리의 일상은 분주함과 산만함의 연속이다. 아침에 눈을 떠서 일을 시작하고 다시 잠자리에 들 때까지, 온갖 매체에서 흘러나오는 광고는 한시도 우리의 눈과 귀를 떠나지 않는다. 우리는 TV를 보다가 잠이 들고 매일 아침 리모컨으로 TV를 켜면서 하루를 시작한다.

TV는 아마도 우리의 삶을 가장 산만하게 만드는 주범일 것이다. TV는 사고하는 것과 정반대의 위치에 있다. TV를 시청하면서 아이디어를 떠올리는 것이 가능할까? 밝은 화면과 시끄러운 소리가 끊임없이 우리의 두뇌를 마비시키는데 기발한 아이디어가 떠오를 수 있겠는가?

지금 당장 명상을 시도해보자. 우선 여러분이 고민하고 있는 중요한 문제 하나를 정하라. 그리고 집 안이든 집 밖이든 조용한 장소에서 눈을 감고 마음을 비워보라. 일체의 잡념을 떨쳐내고 침묵하면서 지우개로 칠판을 지우듯 마음속을 깨끗하게 비워보자. 그러고 나면 새로운 아이디어들이 하나 둘 떠오르기 시작할 것이다. 이는 여러분의 잠재의식 속에 잠겨 있던 생각들이 의식의 표면으로 떠오르고 있는 것이다.

명상하는 법을 배움으로써 여러분은 스스로 사고를 통제할 수 있을 뿐만 아니라 아이디어를 끌어당기는 자석은 곧 마음이란 것을 알게 될 것이다. 조용하고 고독하고 단순한 사고의 시간을 가져보는 것은 새로운 아이디어 창출하는 데 있어 반드시 필요하다.

　창조성이 성공을 낳는다. 창조적이 되면 문제를 해결하는 새롭고 혁신적인 방법을 잘 개발해낸다. 창조성을 기르기 위해서는 개인적인 사고의 시간이 필요하다. 조용한 장소를 찾아가서 머릿속에 든 산만한 생각들을 모두 떨쳐내자. 새로운 아이디어는 업무 성과를 높이고 사업을 성장시키는 발판이다. 여러분 자신에게 새로운 아이디어를 개발할 수 있는 시간과 기회를 주어라.

　다른 사람들의 아이디어를 활용하는 것도 한 가지 방법이다. 브레인스토밍은 집단의 아이디어를 끌어내는 매우 역동적인 방식이다. 다른 사람들과 함께 브레인스토밍을 해봄으로써 창조적인 에너지를 모을 수 있다.

　항상 머리맡에 메모지와 펜을 놓아두라. 나의 경우는 한밤중에 좋은 아이디어가 많이 떠오르는데, 그 시간에는 내 정신이 우주의 에너지를 받아들일 수 있도록 완전히 이완되기 때문이다.

성공의 문화를 퍼뜨려라

나는 1997년에 스털링 파이낸셜 그룹을 설립했다. 내가 회사를 세우면서 가장 불어넣고 싶었던 원칙은 바로 성공의 문화였다. 나는 이러한 개념을 존 C. 화이트헤드로부터 배웠다. 그는 월스트리트에서 가장 규모가 크고 가장 성공한 투자은행 중 하나인 골드만삭스의 공동 회장이자 나의 멘토 중 한 사람이었다. 화이트헤드가 국무차관으로 있을 당시에 나는 백악관 연구원으로서 그의 밑에서 일한 적이 있었다. 스털링 파이낸셜 그룹의 성공은 상당 부분이 골드만삭스의 모델로부터 비롯되었다. 골드만삭스의 모델은 실행하기가 비교적 쉬웠는데, 왜냐하면 내가 그 원칙을 확신하고 있었고 우리 회사에는 변화시키거나 제거해야 할 기존의 문화가 존재하지 않았기 때문이다.

골드만삭스의 사업 원칙은 다음과 같다.

- 고객의 이익이 최우선이다. 고객의 이익을 위해 일한다면 성공할 수 있을 것이다.
- 사람, 자본, 평판은 가장 소중한 자산이다.
- 팀워크가 중요하다. 개인의 이해를 회사나 고객의 이해보다 우선할 수 없다.
- 수익은 성공을 강화시킨다. 수익을 통해서 자본이 늘어나고 사람들이 일하고 싶은 회사를 만들 수 있기 때문이다.
- 수익을 창출하는 데 도움을 주었던 사람들과 함께 수익을 나눈다.

골드만삭스는 회사가 존재하는 근본적인 이유가 고객에 대한 서비스라고 믿었다. 회사는 모든 직원들이 고객에 대해 높은 책임감을 갖도록 부단히 일깨웠다. 골드만삭스의 또 다른 성공 요인은 장기적인 측면에 초점을 맞추는 것이다. 즉 향후 5년 동안의 비즈니스에 초점을 맞춤으로써 골드만삭스는 월스트리트의 많은 회사들을 파멸로 이끈 단기간의 탐욕을 최소화할 수 있었다. 골드만삭스는 팀워크와 낮은 이직률, 그리고 고객에 대한 서비스를 지속적으로 강조했다. 골드만삭스의 이러한 성공의 문화는 우리 회사의 목표를 달성하는 데 크게 기여했으며, 그로 인해 미국에서 가장 성장이 빠른 히스패닉계 회사로 이름을 올릴 수 있었다.

우리 회사에서는 직원들이 보너스를 기다리지 않는다. 어느 직원의 성과가 좋으면 다음 달 급여에 바로 인센티브가 반영되기 때문이다. 여기서 가장 중요한 것은 금액 자체가 아니라 직원들이 자신의 훌륭한 업무 성과가 간과되지 않는다는 사실을 인식한다는 점이다.

성과를 인정하라

성공의 문화를 유지하기 위해서는 직원들이 이직하지 않도록 하는 것이 중요하다. 우리 회사는 직원들의 이직률이 낮다는 사실에 자부심을 느끼고 있다. 이는 부분적으로 회사가 직원들의 성과를 인정해주었기 때문에 가능하다. 감독관과 관리자들은 직원들 각자의 업무 성과를 인정해야 하며, 이러한 과정은 어쩌다 한 번씩이 아니라 매일매일 수행되어야 한다. 어떤 직원이 업무를 훌륭하게 수행했다면 그에 따른 보상을 해주어라. 다른 직원들도 그것을 반길 뿐만 아니라 더욱 열심히 일할 것이다.

회사에서의 인정은 직원 개개인에게 상당한 영향을 미친다. 사무실 내에서 직원들의 태도를 유심히 살펴보라. 활기차게 걸어다니는가, 아니면 어깨를 축 늘어뜨리고 다니는가? 보디 랭귀지를 주의 깊게 살펴보면 직원들의 사기와 근무 태도를 파악할 수 있다.

회사가 직원들의 성과를 인정해주지 않을 경우에도 많은 영향을 미친다. 만일 업무를 성공적으로 수행했어도 그에 대한 인정을 받지 못한다면 당사자의 마음은 쓰라릴 것이다. 이러한 생각들은 회사에 대한 반감으로 이어져서 결국에는 불성실한 근무 태도, 사기 저하, 생산성 저하를 초래하게 된다.

다음 문장은 간결하면서도 매우 강력한 효과가 있다. "참 잘했습니다. 노고에 감사 드립니다. 여러분이 이번 프로젝트에 심혈을 기울여온 것을 잘 알고 있습니다. 덕분에 좋은 결과가 나왔습니다.” 이 같은 문장은 실제로 일이 잘 수행되고 직원들이 많은 노력을 기울였을 때 일반적으로 구사하는 표현이다. 이런 식의 표현은 힘든 업무를 수행해낸 직원들의 노고를 인정하는 것으로서, 그 결과는 기대 이상이다.

각 개인에 대한 인정은 성공의 문화를 확산시킨다. 즉 자신이 해낸 일에 대해서 누군가로부터 좋은 평가를 받으면 더욱 열심히 일하게 되는 것이다. 만약 직원 전체가 현재보다 5~10퍼센트 정도만 더 열심히 일할 경우 회사에 얼마나 더 큰 이익을 가져올지 생각해보라.

긍정적인 측면의 강화와 동기부여, 그리고 직원들에 대한 격려는 훌륭한 리더와 성공한 사람들이 지니고 있는 2차적 천성이다. 훌륭한 리더들은 독특한 방법으로 그것을 수행하는데, 예컨대 패튼 장군은 부대원들을 격려하기 위해 기지에 라디오 방송 장치를 설치해놓고 ‘오늘의 훌륭한 병사’를 선정해서 그의 이름을 호명하곤 했다.

나는 갤빈 장군으로부터 효과적인 동기부여 방법을 배웠다. 장군은 업무를 잘 수행해낸 사람에게 항상 칭찬의 편지를 쓰곤 했다. 내가 아는 수많은 성공한 사람들도 그들의 직원이나 동료들에게 격려의 편지를 쓴다. 역대 대통령들도 감사의 표현으로 편지쓰기를 애용하는데, 대통령이 보낸 편지는 상당한 위력을 발휘한다. 하지만 대통령이 아니어도 누구나 감사 편지를 쓸 수 있다. 누가 보냈든 간에 편지를 받은 사람은 그것을 매우 소중하게 여길 것이다.

경영 이론가인 켄 블랜차드에 의하면, 인정과 칭찬의 반대 행동은 ‘갈매기’ 같은 리더들에게서 나타난다고 한다. ‘갈매기’ 란 직원들을 비난하고 제 잇속만 챙기는 리더들을 의미한다. 갈매기는 사람들이 뭔가 잘못된 행동을 했을 때를 놓치지 않고 공격해 온다. 갈매기와 같은 리더들은 부정적인 피드백을 듣는 것을 싫어한다. 왜냐하면 그들은 스스로 전지전능하다고 느끼고 싶어하기 때문이다. 블랜차드에 의하면, 갈매기 같은 관리자는 직원들에게 신뢰감을 주지 못하며 권한을 공유하기를 꺼린다. 또한 그들은 다른 사람을 칭찬하는 법이 거의 없고, 걸핏하면 비판을 늘어놓는다. 그래서 직원들은 이런 리더에게 호되게 꾸짖음을 받지 않는 것을 자신이 일을 잘 수행해냈다는 의미로 받아들인다.

가정에서의 성공의 문화

가정에서도 성공의 문화를 만들어낼 수 있다. 여러분이 자녀에게 보내는 하나하나의 메시지는 그들의 삶의 태도에 중대한 영향을 미친다. 자녀들에게 어떤 메시지를 보내고 있는지 스스로에게 물어보라. 『가르시아 장군에게 보내는 메시지』에 나오는 로완 중위와 같은 영웅이 되라고 격려하는가? 아니면 부정적인 메시지를 전하고 있지는 않은가?

저녁식사 시간에 가족이 모두 한자리에 모여 있다고 생각해보자. 자녀들에게 주로 어떤 말을 하는가? 열심히 일만 해서는 아무 소용이 없으니 처세를 잘하는 것이 출세하는 지름길이라고 가르치는가? 아니면 정직과 명예의 중요성을 강조하는가?

비록 여러분의 직장 경험이 긍정적인 것만은 아니더라도 자녀들에게는 열심히 일하는 것의 중요성을 깨우쳐주어야 한다. 여러분 자신은 회사에서 마땅히 받아야 할 인정을 못 받고 있을 수 있지만, 자녀들의 성취에 대해서만큼은 제대로 인정을 해주어야 한다. 그리고 가족 모두가 공동의 목표를 위해 일하는 것을 보여줌으로써 팀워크의 가치를 가르쳐주어야 한다.

여러분이 자신의 열정을 추구하는 것처럼, 자녀들도 자신이 흥미를 느끼는 일에 열정을 갖도록 격려해주라. 설령 자녀들이 부모가 원하는 길로 걸어가지 않더라도 그들의 앞길을 가로막지는 마라. 아버지는 내가 공군사관학교에 들어가는 것을 그다지 내켜하지 않았다. 그러나 아버지는 아들이 원하는 길을 선택하도록 그냥 내버려두셨다. 우리는 부모의 열정이 아닌 바로 자신의 열정을 추구해야만 한다. 그리고 부모들은 자녀들이 스스로 열정을 추구할 수 있도록 힘껏 도와야 한다.

가정에서 성공의 문화를 개발할 때는 성격의 영향을 고려할 필요가 있다. 나폴레온 힐은 성격을 "개인의 최대 자산이자 빚"이라고 정의한 바 있다. 성격은 여러분의 사고와 성취 그리고 다른 사람들과의 관계에 영향을 미친다. 나폴레온 힐에 따르면, 호감이 가는 성격은 긍정적인 사고 방식과 관용, 공손한 태도, 성실성, 유머 감각, 인내와 같은 요소들의 복합적인 산물이다. 그리고 이 모든 요소들은 가정에서 성공의 문화를 만들어내는 데 쓰인다.

에이본의 CEO인 안드레아 정은 자신의 어머니에게서 다음과 같은 조언을 들었다. "남자가 할 수 있는 일이라면 여자도 할 수 있단다. 열심히 노력한다면 어떤 분야에서든 최고의 위치에 오를 수 있지."

　기업에서 성공의 문화와 높은 윤리 기준을 정착시키는 것은 최고의 제품을 만드는 것만큼이나 중요하다. 윤리 기준이 정착되면 회사에 대한 평판이 좋아지고, 직원들은 회사의 좋은 평판을 지키고 유지하기 위해 더욱 열심히 일할 것이다.

　성공의 문화와 긍정적인 태도는 성과 향상을 위한 촉매제이다. 그리고 이러한 문화는 성과에 대한 인정과 긍정적인 피드백에 의해 강화된다. 뛰어난 업무 수행에 대한 칭찬과 인정이 회사 내에 확산되게 하라.

　회사뿐만 아니라 가정에서도 성공의 문화를 만드는 것이 중요하다. 여러분이 부모라면 아이들의 역할 모델인 동시에 그들의 상사이기도 하다. 원칙을 정해놓고 자녀들이 그것을 따르게 하라. 그리고 자녀들이 어떤 일을 하든 자부심과 열정을 갖게 하라. 자녀의 선택을 존중하고 결정적인 상황에서 도움을 줘라. 자녀에게 줄 수 있는 최고의 선물은 성실과 명예와 같은 도덕적 나침반이다. 그러한 선물을 받은 자녀들은 여러분을 아주 자랑스럽게 여길 것이다.

자신의 꿈을 확신시켜라

성공하는 사람들은 자신들의 꿈을 성취하는데 도움이 되는 인재들을 잘 끌어들인다. 이는 그들이 자신의 꿈에 대해 열정적이며, 열의를 가지고 그 꿈을 전달하기 때문이다. 그러한 열정과 열의는 전염성을 갖고 있다. 기업가와 리더들은 비전을 가지고 있다. 그들은 큰 그림을 그릴 줄 알고 다른 사람이 자신의 꿈을 볼 수 있도록 그것을 구체화해 제시할 줄 안다.

성공하는 사람들은 다른 사람들로 하여금 자신의 꿈의 일부가 되도록 설득할 수 있다. 그래서 사람들은 그와 함께 일하기 위해서라면 기존의 안정된 직장을 버리거나 가족과 함께 주거지를 옮기는 일도 마다하지 않는다.

성공하기 위해서는 이 모든 사람들이 동일한 목표를 향해 힘을 합쳐 나아가야 한다. 텍사스 주 리건 카운티에 사는 35세의 고등학교 과학 교사이자 코치인 짐 모리스는 실력이 형편없는 야구팀을 놓고 선수들과 내기를 했다. 그는 라커룸에서 선수들에게 동기부여를 하는 연설을 하면서, 만일 선수들이 지역 챔피언십을 따낸다면 자신은 메이저리그 야구팀에 지원할 것이라고 공언했다. 모리스는 팔에 부상을 입은데다 가족의 생계를 책임져야 했기 때문에 야구를 포기했었다. 선수들은 새로운 정신으로 무장하고 공동의 목표를 달성하기 위해 전력을 다한 결과 지역 챔피언십을 차지하기에 이르렀다.

모리스는 학생들과의 약속을 지키기 위해 탐파베이 데블레이스팀에 지원하여 마이너 리그 선수로 계약을 맺었다. 그 후 메이저리그에 진출하여 데빌레이스의 구원 투수로 두 시즌을 던졌다. 모리스는 「최고령의 신인 : 작은 도시의 청년, 빅 리그를 꿈꾸다」라는 책을 통해 자신의 감동적인 이야기를 세상에 알렸고, 「루키」라는 영화로도 제작되어 빅 히트를 기록하기도 했다. 놀랍게도 이 영화의 감독은 실제로 모리스와 함께 마이너리그 선수 생활을 했던 사람이었다.

작은 도시의 야구팀 감독이든 한 나라의 위대한 지도자이든, 여러분은 사람들에게 자신의 꿈을 확신시켜야 한다. 1984년 미 공군사관학교 졸업식 연설에서 레이건 대통령은 다음과 같은 영감을 주는 말을 남겼다. "가장 위대한 자원은 인간의 정신입니다. 신은 우리 인간에게 무에서 유를 창조할 수 있는 능력을 주셨습니다. 활기차고 개방적인 사회에서 인간의 정신은 자유롭게 꿈을 꾸고 창조적인 일을 하며 보다 완벽해질 수 있습니다."

다른 사람과 꿈을 공유하라

하이메 에스칼란테는 학생들에게 어떻게 꿈을 꾸는지를 가르쳤다. 가필드 고등학교의 수학 교사였던 그는 성적이 부진한 학생들을 맡아서 그들이 AP미적분 시험 통과라는 꿈을 갖게 만들었다. 그의 지도를 받은 학생들은 많은 장벽에도 불구하고 마침내 시험을 통과해 꿈을 실현했다.

월마트의 창업자인 샘 월튼은 자신의 열정으로 다른 사람들의 마음을 움직였다. 월마트가 사람들에게 친근한 브랜드로 인식되기 이전, 월튼은 유능한 인재들에게 자신의 꿈을 이해시켜 대도시에 살고 있던 그들을 알칸사스로 데려왔다. 월마트에서의 생활이 대부분의 중역들이 기대하는 것에 훨씬 미치지 못했지만 그들은 월튼의 꿈을 공유했다.

월튼은 월마트를 직원들이 재미있게 일하고 돈을 벌 수 있는 일터로 만들기 위해 노력했다. 월마트는 모든 직원들에게 수익을 배분하는 최초의 대기업 중 한 곳이다. 1983년에 월튼은 월마트의 수익이 일정한 수준에 도달하면 월스트리트에서 훌라댄스를 추겠다고 약속했다. 그리고 그 약속은 곧 지켜졌다.

리더는 자신의 비전과 열정을 통해 직원들이 목표를 향하여 나아가게 해야 한다. 존 맥스웰은 이렇게 말했다. "진정한 리더는 사람들에게 동기부여를 할 수 있어야 한다." 수많은 난관을 극복해내는 것은 바로 그러한 힘이다. 맥스웰은 트루먼 대통령의 명언을 다음과 같이 바꾸어 표현하기도 했다. "무언가를 뜨겁게 만들 수 없다면, 당장 부엌에서 나가라."

리더는 비전을 가져야 한다. 리더는 자신의 열정과 에너지를 다른 사람들에게 전달하고, 자신의 꿈을 확신시킬 수 있어야 한다. 꿈을 향한 도전은 불확실성의 바다를 항해하는 것과 같다. 하지만 비전과 능력을 갖춘 리더가 선장이라면 사람들은 기꺼이 그 배에 승선하려고 할 것이다.

항해 중에 불가피하게 거센 폭풍우를 만나더라도, 선장이 자신의 임무에 최선을 다하고 최종 목적지를 시야에서 놓치지 않고 모든 일에 열정적이라면 사람들은 선장을 믿고 따를 것이다. 그리고 결국 먹구름도 걷히고 바다는 다시 잠잠해질 것이다.

올바른 사람들을 승선시켜라

내가 살아온 인생을 돌이켜보면 운 좋게도 주위에 훌륭한 사람들이 많았던 것 같다. 아버지는 내게 좋은 회사를 만들려면 나보다 현명한 사람들을 주위에 두고 그들에게 일을 시키라고 하셨다. 또 회사를 운영하는 데 있어 자존심 때문에 일을 그르치지 말라는 조언도 해주셨다. 레이건 대통령은 이렇게 말했다. "여러분이 찾을 수 있는 최고의 사람들을 가까이에 두십시오. 그들에게 권한을 부여하되 절대로 간섭하지는 마십시오." 제임스 스톡데일은 리더의 힘에 대해 다음과 같은 통찰력 있는 발언을 했다. "훌륭한 리더들은 권한을 나누어줌으로써 그것을 얻는다."

1999년 2월, 나는 월스트리트의 베테랑인 알렉시스 코리버트를 스털링 파이낸셜 그룹의 회장으로 영입했다. 코리버트는 연간 500만 달러의 수익을 내는 솔로몬 스미스 바니사에서 활동하던 기관 채권영업 담당자였다.

우리 회사의 주요 주주 중 한 사람은 노틀담 팀에서 축구선수로 활약했던 존 커리이다. 그는 버펄로 의대에 합격했지만 그 해 여름 동안 시카고 거래소에서 트레이딩 일을 해서 2만 6000달러를 벌어들인 것을 계기로 의대에 가는 대신 트레이더를 직업으로 선택했다. 유능한 트레이더였던 그에게는 엄청난 돈이 쏟아져 들어왔다. 하지만 그는 벌어들인 돈을 제대로 관리하지 못했다. 얼마간의 힘든 시간을 보내고 나서 케리는 트레이더 일을 그만두고 플로리다 소방대인 힐스보로 카운티를 위해 기부를 요청하는 전화 홍보 일을 시작했다.

그로부터 얼마 뒤에 나를 찾아온 그는 트레이딩 일을 다시 해보고 싶다고 했다. 나는 그의 뛰어난 능력을 잘 알고 있었기에 회사가 그의 전문성을 잘 활용할 수 있을 것이라고 생각했다. 예상했던 대로 존 커리는 우리 회사의 발전을 위해 엄청난 공헌을 함으로써 나의 첫 파트너가 되었다. 그는 현재 600억 달러 상당의 주식을 운용하면서 내가 1년 동안 버는 금액을 단 2주 만에 벌어들이고 있다. 그는 최고 대우를 받을 가치가 있는 사람인 것이다.

스털링 파이낸셜 그룹은 보잘것없는 수준에서 출발하여 놀라운 발전을 이루었다. 회사 설립 당시에는 직원이 단 3명뿐이었으며 거대 금융회사인 베어 스턴의 비품 창고에서 첫 업무를 시작했다. 수년 동안 우리는 그 비좁은 공간을 벗어나지 못했는데, 돌이켜보니 그때가 가장 힘들었던 시절이 아니었나 싶다.

무슨 일이라도 할 수 있는 사람을 고용하라

남극 탐험가인 어니스트 섀클턴은 활기차고 낙관적인 사람들을 주위에 두었다. 태만한 사람을 배제하기 위해 섀클턴은 어떤 일이라도 기꺼이 함께 할 수 있는 사람을 고용했다. 그는 일자리를 갈망하는 사람을 원했는데, 그런 사람들은 그 자리를 지키기 위해 더욱 열심히 일하기 때문이었다. 어느 날 채용 면접을 보기 위해 지원자들을 한참이나 기다리다 사무실을 나가려던 순간, 섀클턴은 비에 흠뻑 젖은 채 문 안으로 걸어 들어오는 한 남자를 보았다. 나중에 알고 보니 그는 면접을 알리는 전보를 받은 즉시 여행을 중단하고 면접 시간에 맞춰 도착하기 위해 기차를 여러 번 갈아타고 겨우 도착한 것이었다. 섀클턴은 그 자리에서 그 사람을 채용했다.

나는 직원을 채용할 때마다 『가르시아 장군에게 보내는 메시지』에 나오는 로완 중위를 떠올리곤 한다. 나는 로완 중위와 같이 임무를 완수하기 위해서라면 무슨 일이라도 할 수 있는 사람을 내 주위에 많이 두고 싶다.

직원 면접을 볼 때 나는 성실한 태도를 제일 먼저 살핀다. 유머 작가인 윌 로저스는 이렇게 말했다. "영리한 것도 좋지만 윤리적인 것이 더 좋다." 그는 또 이런 말도 했다. "나는 브루클린 다리를 파는 사람보다는 그것을 만드는 사람이 되고 싶다." 사람들은 말재주가 뛰어난 것보다는 전문지식으로 주위로부터 존경받는 사람을 원한다.

이상적인 직원의 프로필

나는 열정적이고 낙천적인 사람을 직원으로 채용한다. 부정적이고 비관적인 사람은 능력과는 상관없이 회사에 피해를 가져올 수 있기 때문이다. 부정적인 직원의 눈에는 해결책이 아니라 문젯거리만 보이며 주위 사람들을 의기소침하게 만든다.

회사 상황이 좋든 나쁘든, 나는 직원들이 회사의 사명에 충실하기를 기대한다. 『가르시아 장군에게 보내는 메시지』의 저자인 엘버트 허바드는 이렇게 말했다. "1온스의 충성심은 1파운드의 현명함만큼 가치가 있다." 나는 직원들이 회사의 문화를 존중해주기를 원한다.

채용과 관련하여 나는 리카르도 셀머의 접근 방식을 선호한다. 『매버릭』의 작가인 셀머는 채용 담당자들이 이상적인 채용 후보자의 프로필을 만들어놓아야 한다고 조언한다. 이 프로필은 지원자에게 요구되는 모든 자질들을 설명하며 각각의 요구 조건은 그 중요성에 따라 가중치가 부여된다. 브라질에 있는 셀머의 회사인 셈코의 경우, 몇몇 요인은 전혀 고려 대상이 되지 않고 있다. 셈코의 기업문화는 특히 학력이나 외모 같은 요소를 중시하지 않는다. 셀머는 이렇게 말했다. "우리 회사에는 일류대학 졸업장이나 값비싼 양복을 입은 사람은 거의 없다. 하지만 우리 회사의 직원들은 모두 A급이다."

오렌 하라리는 채용과 승진에 대한 콜린 파월의 원칙을 다음과 같이 소개했다. 파월은 사람을 채용할 때 이력서가 아니라 개인의 능력과 가치에 기초해야 한다고 믿는다. 파월은 개인의 지적 능력, 판단력, 충성심, 성실성과 같은 특성들을 살핀다.

나는 열정과 희망으로 가득 찬 사람들을 내 주위에 두고 있다. 그들은 마치 트랙을 달리는 허들선수를 연상시킨다. 허들의 높이가 높든 낮든, 아니면 허들을 쓰러뜨리고 뛰어넘든 간에 그들은 결승선까지 최선을 다해 달린다. 언제나 일등으로 결승선을 통과하는 것은 아니지만 그들은 어쨌든 끝까지 달리는 것을 멈추지 않는다.

컨설팅, 교육훈련, 출판사를 운영하는 프라이스 프리체트 회장은 직원들은 회사의 보석이라는 말을 버릇처럼 되뇐다. 그는 공석이 있든 없든 간에 항상 새로운 인재들을 찾아다니고 능력이 뛰어난 직원들로 인력개발 부서를 채우라고 말한다.

　홀륭한 회사를 설립하거나 위대한 기업의 주역이 되고 싶다면 자신보다 더 지혜롭고 현명한 사람들을 고용하여 그들과 함께 일해야 한다. 여러분은 신뢰가 필요한 곳에 기꺼이 그 신뢰를 주어야 한다. 또한 자존심을 억제해야 하고 채용한 전문가들의 조언을 받아들여야 한다.

　여러분은 특정 분야의 경력 유무에 관계없이 여러분의 회사에 적합한 성격과 자질을 갖춘 사람을 채용해야 한다. 로완 중위처럼 사고방식이 긍정적이며 임무 수행능력이 뛰어난 사람을 찾아내서 채용하라. 성실성, 충성도, 지적 능력 그리고 낙관주의는 어떤 산업 분야에서도 통하기 마련이다. 이러한 특성을 지닌 인재들을 찾아서 그들에게 여러분의 꿈을 확신시키고 그들을 채용하라.

　때때로 다른 산업 분야 출신의 사람들은 참신하고 독창적인 시각을 갖고 있으며, 이는 업무활동에 대단히 흥미롭고 긍정적인 통찰을 가져다줄 수 있다.

강점에 초점을 맞춰라

나는 다음과 같은 문구를 즐겨 인용한다. "돼지에게 노래를 가르치는 것은 시간 낭비일 뿐이다."

안타깝게도 우리가 성공을 거둘 수 없는 어떤 분야가 존재한다는 것은 분명한 사실이다. 영화 속 록키와 같은 인물이 수개월 간의 강도 높은 훈련을 통해 헤비급 챔피언에 오를 수 있다는 사실은 받아들일 수 있다 하더라도, 그가 위대한 수학자가 되어 존 내쉬처럼 노벨 경제학상을 받을 수 있을 것이라고는 누구도 믿지 않을 것이다. 여러분이 70~80대의 노인이라면 아무리 간절히 원한다고 해도, 특별한 신체적 능력이 필요한 어떤 일을 성취하기는 어려울 것이다.

열정을 추구할 때는 자신의 약점보다는 강점에 초점을 맞추는 것이 현명하다. UCLA에서 뛰어난 능력을 보인 존 우든은 이렇게 충고한다. "할 수 없는 일 때문에 할 수 있는 다른 일을 망치지 마라."

자신의 강점과 약점을 찾아라

나는 마커스 버킹엄과 도널드 O. 클리프턴이 쓴 『위대한 나의 발견-강점 혁명』이란 책의 열렬한 팬이다. 이 책에 따르면, 우리는 모두 몇 가지 재능을 타고났으며 그 재능을 파악하는 것이 중요하다고 한다. 취약한 기술을 개발하기 위해 시간과 에너지를 낭비하는 대신 여러분이 갖고 있는 자산을 개선하는 데 집중하라. 어느 한 분야에서 뛰어난 기술을 갖고 있다면 그것을 더욱 개발하라. 많은 사람들은 마이클 조던이 재능을 타고났기 때문에 탁월한 실력을 발휘하기 위해 열심히 노력할 필요가 없을 것이라고 생각한다. 그러나 조던의 생각은 다르다. "여러분이 열심히 노력한다면 좋은 결과가 나타날 것입니다. 나는 건성으로 게임을 하지 않습니다. 그러면 좋지 않은 결과가 나온다는 것을 잘 알고 있으니까요."

수많은 회사들이 직원들의 약점을 발견하고 그것을 개선시켜서 기껏해야 평범한 직원을 만드는 데 중점을 두고 있다. 평범하거나 무난한 정도로는 비즈니스 세계에서 두각을 나타낼 수 없다. 버킹엄과 클리프턴은 최고의 관리자들이 지침으로 삼는 다음과 같은 2가지 가정을 지적한다. 이들은 "개인의 재능은 각기 다르다", "개인이 발전하기 위해서는 자신만의 최대 강점을 개발해야 한다"고 믿는다.

스틸링 파이낸셜에서는 어떤 업무를 처리할 때 그 일에 가장 유능한 사람에게 맡긴다. 우리 회사는 직원들이 취약한 분야의 일을 맡도록 내버려두지 않으며, 그들이 평균 수준이 아닌 최고 수준에 있는 분야에서 일하기를 원한다. 수학 실력이 뛰어나지 않은 직원에게는 결코 숫자를 다루는 업무를 맡기지 않는다. 비록 그 일을 어느 정도 해낼 수 있다고 해도 빠르게 성장하는 비즈니스에서는 평균 수준 이상의 직원을 요구하기 때문이다. 모든 기업들은 처음부터 일정한 분야에 강점을 갖고 있으며, 비즈니스가 성장함에 따라 그 강점을 더욱 강화할 수 있는 직원을 필요로 한다.

아카데미상을 수상한 론 하워드 감독은 어느 인터뷰에서 이렇게 말했다. "내 역할은 사람들이 각자 잘하는 분야를 찾아내서 그것을 더 잘하도록 환경을 만들어주는 겁니다."

사람들이 강점을 찾을 수 있도록 도와줘라

개인적인 생활에서도 약점보다는 강점에 초점을 맞춰야 한다. 만약 배우자가 관리 능력이 뛰어나다면 그가 가정을 관리하도록 하는 것이 좋다. 여러분은 자녀들의 약점을 개선시키기 위해 노력할 수 있지만 그보다는 강점에 초점을 맞추는 것이 더 현명하다. 자녀가 손재주는 없지만 음악적인 재능이 뛰어나다면 음악에 초점을 맞추게 하라. 단, 강점에 초점을 맞추는 것이 실패의 이유가 되어서는 안 된다. 강점을 중심으로 삶을 구축할 때에도 초석을 튼튼하게 쌓는 것이 중요하다. 교육은 가장 중요한 초석 중 하나이다.

　개인으로서 자신의 강점이 무엇인지 발견하라. 그리고 그러한 자질이나 특성을 한층 더 강화하라. 우리 모두에게는 다른 사람보다 더 나은 강점이 분명히 있다. 성공의 한 가지 핵심 열쇠는 개인적인 성공을 위해서 뿐만 아니라 조직의 일원으로서의 성공을 위해 강점을 성공의 발판으로 삼는 것이다. 크게 성공한 사람들은 특정 분야에 특출나게 뛰어난 사람들이다. 무엇을 하든 간에 그들은 그 분야의 전문가이다.

　여러분 자신이 무엇에 능숙한지 모르겠다면 이 책에서 제시하는 다양한 성격 및 지식 테스트 중에서 어느 한 가지를 시도해보라. 그리고 여러분이 제일 뛰어난 능력을 지니고 있는 분야에 에너지를 집중하라. 그렇게 하면 직업적 성공뿐만 아니라 개인적인 만족과 자아실현의 측면에서도 큰 발전이 있을 것이다.

05

성공전략 3 _즉각 행동에 옮겨라

passion, endurance, action

goal, belief, success code

goal, belief, success code

매일매일 성공하라

이 시점에서 여러분은 강점을 파악하고 목표에 이르기 위한 세부 계획을 수립하여 자신의 성공 열망을 불태우고 있을 것이다. 이제는 목표를 향해 나아갈 시간이다. 세 번째 성공전략은 계획을 즉각 실행에 옮기는 것이다. 꿈을 달성하기 위한 힘은 지식과 행동으로부터 나온다. 하지만 지식만으로는 충분하지 않다. 지식은 행동과 결합했을 때 비로소 놀라운 힘을 발휘한다. 진정으로 목표를 성취하길 원한다면 지금 당장 실행에 들어가라. 그리고 매일매일 목표 달성에 도움이 되는 무언가를 하나씩 성취하라.

희망적이게도 여러분은 로또를 구입하기보다는 꿈을 실현하기 위한 다른 노력들을 더 많이 하고 있다. 대부분의 사람들에게 성공을 향한 출발점은 교육이다. 배우지 않는다면 결코 꿈을 이룰 수 없다. 여러분은 라즈니쉬 같은 성자가 아니다. 이 말은 하이메 에스칼란테가 공부는 하지 않으면서 A학점을 기대하는 학생들을 빗대어 표현한 말이다.

성공은 맨 밑바닥에서부터 시작된다

영화 「델마와 루이스」의 시나리오 작가이자 「야야 자매의 신성한 비밀」을 연출한 칼리 쿠링은 한때 비버리힐즈의 레스토랑에서 종업원으로 일했다. 이후에는 프로덕션 회사에서 프런트 담당 직원으로 근무했는데, 쿠링은 자신의 직업을 뮤직 비디오 제작자가 되기 위한 발판으로 삼았다. 또한 「델마와 루이스」의 대본이 인기를 얻었을 때, 그녀는 자신의 성공을 감독이 되기 위한 경력으로 활용했다.

맥도날드의 창업자인 레이 크록은 하워드 존슨 식당에서 일을 시작했다. 52세의 나이에 그는 혁신적인 밀크셰이크 제조기에 대한 독점 판매권을 얻기 위해 집을 저당 잡히고 평생 모은 돈을 투자했다. 크록은 이 밀크셰이크 제조기를 8개나 쓰고 있다는 샌 베르나르디노의 햄버거 가게에 대한 소문을 들었다. 더 많은 기계를 팔기 위해 크록은 캘리포니아로 향했다. 그 작은 햄버거 가게는 딕과 맥 맥도날드라는 형제가 운영하고 있었다. 밀크셰이크 제조기에 대한 보다 큰 시장을 내다보고 크록은 맥도날드 형제에게 더 많은 햄버거 가게를 내서 동업을 하자고 제안했다. 그리하여 1955년에 디플레인스와 일리노이에 최초의 맥도날드 매장을 오픈했으며, 1961년에 맥도날드 형제에게 270만 달러를 지

불하고 모든 사업상의 권리를 사들여서 오늘에 이르고 있다.

성공 습관을 개발하라

대부분의 성공한 사람들은 성공 습관을 갖고 있다. 나는 도전을 기꺼이 받아들이고 새로운 활동을 시도하는 것을 좋아한다. 또한 스스로 결정을 내리고, 필요하다면 조류에 맞서 나아간다.

사람들은 이런 나를 일컬어 '팔방미인'이라고 부른다. 이 말이 항상 칭찬을 의미하는지는 확신할 수 없지만, 나는 그것을 칭찬으로 간주하고 싶다. 왜냐하면 나는 다방면에서 성공하고 싶은 관심과 욕망이 있기 때문이다. 여러분의 강점이 성취력이라고 한다면, 매일 무엇인가를 성취하지 않으면 마음이 편치 않다는 것을 잘 알 것이다.

어떤 사람들은 매일 무엇인가를 성취하고자 하는 나의 욕망이 지나치다고 말할 수도 있을 것이다. 나 역시 사람마다 수면시간이 다르다는 것을 인정한다. 따라서 모든 사람이 매일 무엇인가를 성취하기 위해 수면시간을 6시간으로 제한할 필요는 없다고 생각한다. 꼬박꼬박 낮잠을 즐기면서도 국가를 이끌어 나가는 중대사를 잘 수행하고 있는 대통령들도 많지 않은가.

날마다 새롭게 시작하라

역사상 가장 위대한 사이클 선수인 랜스 암스트롱은 암으로 투병하는 와중에도 주요 경기에서 연이어 승리를 거두었다. 암스트롱은 행복한 유년기를 보내지 못했는데, 상황이 좋지 않을 때마다 어머니는 그에게 이렇게 말했다. "얘야, 오늘은 네 인생의 나머지가 시작되는 첫날이란다." 어머니는 아들에게 어제 일어났던 일은 모두 잊어버리고 미래에 초점을 맞추라고 강조했다. 암스트롱은 새로운 성취를 향해 매일매일 전진해 나갔다. 그리하여 2002년 투르 드 프랑스 사이클 대회에서 6연승이라는 놀라운 기록을 달성했다.

'버지'라고 불리는 전설적인 트레이더이자 나의 멘터이기도 한 슈와르츠는 깨끗한 감정 상태에서 매일매일을 시작해야 한다고 조언한다. 어제는 이미 지나갔다. 그러므로 어제의 실패가 내일까지 망치도록 해서는 안 된다. 여러분은 다시 새롭게 시작해야 한다. 랜스 암스트롱처럼 슈와르츠도 실패보다는 훨씬 더 많은 승리를 거두었다.

그러나 누구나 투르 드 프랑스 사이클 대회에서 우승할 수 있는 것은 아니며 최고의 트레이더가 될 수 있는 명석함을 지니고 있지도 못하다. 성취의 개념은 상대적인 관점에서 바라볼 수 있으며 사람마다 서로 다른 의미를 지닌다. 어떤 기업에게는 경제 사정이 어려울 때 직원들에게 급여를 지급하는 일도 대단한 성취라고 할 수 있다. 또 어떤 사람에게는 빠듯한 월급으로 가족들을 먹여 살리는 것도 대단한 성취이다.

아이들과 함께 시간을 보내는 것도 여러분이 매일 해야 할 일이다. 그것도 하나의 성취라고 볼 수 있다. 또한 자녀들의 학습을 돕는 것은 심리적으로 커다란 만족감을 안겨줄 뿐만 아니라 부모로서 할 수 있는 위대한 성취이기도 하다.

모든 위대한 계획은 단 한 가지를 요구한다. 그것은 바로 실행이다. 누구나 꿈에 대해 수없이 많은 말을 할 수 있지만, 행동에 옮기지 않는다면 그것은 실현되지 않은 몽상으로 남게 된다. 일단 꿈을 정의하고 행동 계획을 세웠다면 그것을 실현하기 위해 행동해야 한다. 꿈의 크기에 따라서 성취 기간도 몇 주, 몇 달, 심지어는 몇 년이 걸릴 수 있다. 계획에는 구체적인 실행 목표와 단계 등이 포함되어 있어야 한다. 그리고 진전 상황을 파악하기 위해 정기적으로 계획을 점검해야 한다.

모든 계획이 의도했던 대로 되지는 않는다. 정기적으로 행동 계획을 검토하고 매일 또는 매주 단위로 목표 달성을 위한 구체적인 활동을 수행하라. 가능한 한 다양한 각도에서 접근하고 창조적 전술을 사용해 목표를 향해 나아가라.

자신을 이끌어줄 멘토를 찾아라

훌륭한 멘토가 있다면 여러분은 어떤 분야에서도 자신의 열정을 추구할 수 있다. 1996년 툴레인의 미식축구 감독이었던 버디 티빈스의 사무실로 오마르 칸이 걸어 들어왔을 때, 그는 앙상한 체격의 십대 소년에 불과했다. 이민자 출신인 칸은 미식축구를 배우고 싶었다. 그는 경기뿐만 아니라 미식축구의 비즈니스적인 측면에도 관심을 가졌다. 칸은 툴레인 팀에서 보수 없이 일하겠다고 자원하였으며 어떤 일이 주어지든 기꺼이 해내기로 마음먹었다.

티빈스 감독은 칸 역시 자신이 지금껏 보아온 다른 학생들과 다르지 않을 거라고 생각했다. 많은 학생들이 처음에는 무보수로 일하기를 청했지만 시간이 흐를수록 점점 게으름을 피웠다. 하지만 칸은 자신에게 주어진 일을 모두 해냈으며 팀에서 꼭 필요한 존재가 되었다. 칸은 컴퓨터 작업부터 출장 준비, 연습과 경기 녹화에 이르기까지 미식축구와 관련된 모든 업무를 수행했다.

툴레인 팀에서 오랫동안 일했던 칸은 툴레인이 아닌 뉴올리언즈 세인트 팀의 인턴직에 지원을 했다. 그는 툴레인 팀에서 갈고닦은 경험을 바탕으로 자신에게 주어진 일들을 모두 잘 수행해냈으며 마침내 세인트 팀의 정식 직원으로 채용되었다. 세인트 팀에서 그의 멘토가 되어준 사람은 선수들의 연봉 협상을 담당하던 테리 오닐이었다. 칸은 오닐이 담당한 협상에서 조사 업무를 맡았으며, 그 이후 몇 가지 작은 계약을 성사시켰다. 오닐이 세인트 팀을 떠나자 짐 해즈렛 감독은 칸을 행정 담당 보좌역으로 채용했다.

24번째 생일날 오마르 칸은 피츠버그 스틸러스 축구팀으로 스카우트 되었다. 그로부터 1년 뒤에 그는 미식축구 리그에서 가장 젊은 비즈니스 코디네이터가 되었다. 칸은 피츠버그 스틸러스의 핵심 협상가로 승진하여 팀의 일정을 조정하고 선수들의 연봉 상한선을 관리했다. 그는 연봉 상한선 제도를 지키면서도 피츠버그 스틸러스 역사상 가장 규모가 큰 계약을 타결시켰다. 현재 칸은 7100만 달러가 초과된 연봉 상한선을 조정하기 위해 애쓰고 있다.

크리스 잰슨 또한 멘토 덕분에 자신의 열정을 추구할 수 있었다. 오프라 윈프리의 남자친구인 스테드먼 그레이엄은 마르키트 대학교 학생인 잰슨이 보낸 편지에 대해 이야기했다. 잰슨은 그레이엄의 연예 기획사에서 무보수로 일해보고 싶다고 제안했다. 잰슨의 인내심과 태도에 마음이 움직인 그레이엄은 그를 연구원으로 고용했다.

회사에서 일하는 동안 잰슨은 그레이엄에게 깊은 인상을 주었다. 무급 연구원으로 일을 시작한 지 얼마 되지 않아 그레이엄은 그를 정식 직원으로 채용했다. 급여를 받게 된 것 외에도 잰슨은 마케팅, 이벤트 기획, 물류 관리 등 모든 비즈니스 분야에서 귀중한 경험을 쌓았다.

크라우트 해머 박사는 자신의 멘토인 허먼 리스코 박사가 없었더라면 퓰리처상을 수상한 신문 칼럼니스트가 되지 못했을 것이다. 하버드 의대 신입생 시절에 크라우트 해머는 심한 사고로 전신이 마비되었다. 그 당시 부학장을 맡고 있던 리스코 박사는 그가 병상에서 수업을 받을 수 있도록 교수들을 설득했다. 크라우트 해머는 당시 글을 쓸 수 없었으므로 리스코 박사는 그가 구두로 시험을 볼 수 있도록 다시 한번 교수들을 설득했다. 그는 심지어 대학 내에 수업과 치료를 겸할 수 있는 공간을 만들어서 크라우트 해머의 재활을 도왔다.

리스코 박사 덕분에 크라우트 해머는 의대 학위 과정을 무사히 마칠 수 있었으며 졸업 후에는 메사추세츠 종합병원에서 정신의학과 선임 레지던트로 일했다. 이후 그는 카터 행정부에서 과학 담당 고문을 맡았으며 월터 먼데일 대통령 후보를 위한 연설 원고 작가로 활동하기도 했다. 1980년대 들어 크라우트 해머는 글쓰기에 주력하여 퓰리처상을 수상하는 영예를 안았다.

나쁜 태도로는 멘토를 찾을 수 없다

심리학자인 캐롤 캔치어는 태도가 선택을 제한할 수 있다고 지적한다.

성장 태도를 갖는 것은 여러분에게 기회의 문을 열어줄 것이다.

캔치어 박사는 스스로에게 다음과 같은 질문을 해볼 것을 제안한다. 성장하기 위한 방법으로서 비판을 환영해야만 할까? 좋은 일이 일어나기를 기대하는가? 도전과 성취감을 즐기는가? 자신의 성공과 실패에 대한 책임을 받아들이는가? 한 번도 해본 적이 없는 일보다는 익숙한 일을 선호하는가? 명예나 돈을 위해 내키지 않는 직업을 선택하겠는가?

수많은 전문가들은 자신이 좋아하는 일을 하면 돈이 뒤따를 것이라고 말한다. 현실적으로 그런 일이 항상 일어나지는 않지만, 그렇다고 해서 열정을 추구하는 것을 포기해서는 안 된다. 교사들은 많은 급여를 받지는 못하지만 그들의 직업은 사회와 인간성 향상을 위해 중요한 의미를 지닌다. 여러분이 가르치는 것에 대한 열정이 있다면, 다른 분야의 직업으로 더 많은 급여를 받을 수 있을지라도 그 길을 선택하라고 권하고 싶다.

어떤 열정을 품고 있든 여러분이 원하는 것을 성취한 사람을 찾아 그에게서 배워야만 한다. 그 사람과 깊은 관계를 맺을 수 있도록 노력하라. 그러면 설령 무보수로 일해야 할지라도 그로부터 직접적으로 배울 수 있다. 멘토들은 특정 영역에서 성공하는 방법을 가르쳐주는 것 이상의 역할을 할 수 있고 실수를 피하도록 조언도 해줄 수 있다. 여러분은 이를 통해 커다란 이점을 얻게 될 것이다.

멘토로 삼고 싶은 대상을 찾을 때에는 보다 현실적으로 행동해야 한다. 여러분은 해당 분야에서 큰 성공을 거두어 잘 알려진 인물보다는 지역사회에서 성공을 거둔 사람을 멘토로 삼는 편이 낫다. 여러분의 멘토는 여러분과 어떤 관련성을 갖고 있을 가능성이 높다. 서로 잘 아는 누군가의 소개로 만날 수도 있고 관심 분야나 취미가 같을 수도 있다. 비록 멘토로부터 귀중한 조언을 얻을 수 있다 해도, 여러분 스스로 전문성을 개발해야 한다. 여러분이 흥미를 느끼는 분야에서 전문가가 될 수 있도록 최선을 다하고, 가능한 한 많은 것들을 배워두라. 오마르 칸처럼 주위 사람들에게 꼭 필요한 존재가 되라. 그렇게 하면 여러분은 반드시 성공할 수 있다.

나의 멘토링

아버지는 내게 처음으로 멘토링의 개념을 가르쳐준 분이다. 아이젠하워와 케네디 대통령을 치료했던 최고의 심장외과 전문의인 찰스 후프나겔 박사가 바로 아버지의 멘토였다. 후프나겔 박사는 나의 대부이기도 하며, 내 이름도 그를 따라서 붙여졌다.

나의 열정은 금융 서비스 비즈니스 분야에 있었다. 내가 처음으로 금융 서비스 분야에 흥미를 느낀 것은 백악관 연구원으로 일할 때였다. 당시 나의 상사였던 존 C. 화이트헤드 씨는 내가 금융 분야에 몸담기로 결정하는 데 많은 영향을 준 사람이다. 나는 그가 골드만삭스를 어떻게 운영했는지를 배웠으며 그의 접근 방식을 스털링 파이낸셜을 운영하는 데 사용했다. 금융 서비스 분야에서 나의 또 다른 멘토는 주식거래와 선물 옵션에 대해서 가르쳐준 마틴 버지 슈와르츠였다. 그는 유명한 월스트리트의 트레이더로서 베스트셀러인 『금융시장의 마법사』에 소개되기도 했다. 나는 슈와르츠가 『핏 불(Pit Bull) : 월스트리트의 챔피언 트레이더로부터 듣는 교훈』이라는 책을 쓸 때 그와 함께 일했었다. 그리고 성공전략에 대해서 그와 오랫동안 이야기를 나누기도 했다.

1987년에 그에 관한 책을 읽고 나서 나는 슈와르츠를 나의 멘토로 결정했다. 우리 두 사람은 모두 보라카톤에 살고 있었고 해병대 출신이라는 공통점이 있었다. 훗날 슈와르츠와 동업을 시작하면서 우리는 회사 이름을 레더넥 파트너로 지었다. 우리 두 사람의 목표는 헤지펀드였는데 그 분야에서 슈와르츠보다 더 유능한 파트너를 만나기는 어려울 것이다. 그는 내게 주식시장에서 꾸준하게 돈을 벌 수 있는 방법을 가르쳐주었다.

나는 슈와르츠에게서 4가지 성공전략에 집중하는 방법을 배웠다. 그는 항상 목표를 높게 설정하고, 즉각 계획을 수립해 실행에 옮기고, 인내하라는 전략을 믿고 실천했다. 또한 그는 성공하기 위해서는 다른 사람보다 두 배는 더 열심히 일해야 한다고 가르쳐주었다. 항상 새로운 것들을 배울 수 있고 지금 하고 있는 일을 좋아한다면 훨씬 더 재미있게 일할 수 있다. 슈와르츠는 시장의 움직임을 예의 주시하다가 매우 신속하게 그 기회를 포착했다. 나는 언젠가 그가 주식시장에서 2주 동안 돈을 잃지 않고 거래하는 것을 지켜본 적이 있다. 그것은 그가 250차례 이상 거래를 한 가운데 나온 경이적인 결과였다.

경력이 대단한 사람만이 멘토가 되는 것은 아니다

멘토링은 특정 분야가 외부에서 생각하는 것만큼 실제로 매력적인지를 확인할 수 있는 좋은 방법이다. 멘토링은 여러분을 흥분시키는 분야의 좋은 측면과 나쁜 측면을 모두 볼 수 있게 해주며 현실로부터 꿈을 분리하도록 도와준다. 그리고 나쁜 측면이 좋은 측면을 능가하는 경우, 그것이 여러분이 진정으로 원하는 것인지를 재평가해볼 수 있다.

예를 들어 방송은 아주 매력적이고 흥미로운 분야이다. 그러나 여러분이 라디오나 TV 방송국의 인턴이라면 그것이 얼마나 힘든 분야인지 알게 될 것이다. 방송 분야에서의 신참은 대개 하루 18시간을 일한다. 심지어 경력이 어느 정도 쌓여 상급자가 되어도 여전히 장시간을 근무하고 휴일에도 일하고 있는 자신을 발견하게 될 것이다. 화려한 스포트라이트를 받는 많은 직업들이 그렇듯이, 방송 일 역시 힘이 들고 반복적이며 지루한 작업이다. 디스크자키와 뉴스 기자가 몇 시에 일어나는지 알고 있는가? 대개 새벽 3~4시에 일어난다. 이러한 스케줄 유형은 그 직업에 대한 관심을 저하시킨다.

법대생과 변호사들은 법조인이 되는 것이 영화나 TV에서 보여지는 것과 다르다는 것을 금방 알게 된다. 대부분의 법률 업무는 법정 밖에서 발생한다. 그리고 영화처럼 법정 장면이 흥미로운 경우는 아주 드물다. 로펌에 지원하기 전이나 심지어는 법대에 입학하기 전에 변호사나 인턴들과의 멘토링을 통해서 3년간의 힘든 업무를 피할 수도 있으며 부모님의 학비 부담도 덜어드릴 수 있다.

버지 슈와르츠와의 파트너십 관계는 3개월 정도만 지속되었다. 내가 트레이더로서 두각을 나타내기 어렵다는 사실을 깨달았기 때문이다. 그것은 매 순간마다 바주카포를 쏘아대는 전쟁터에 있는 것과 같았다. 나는 내 자신이 한 조직을 이끌어 나가기를 원하며, 그런 점에서 브로커나 딜러가 더 매력적인 직업이라는 사실을 알게 되었다.

백악관 연구원 프로그램

백악관 연구원 프로그램은 세계에서 가장 훌륭한 멘토링 프로그램 중 하나이다. 각 분야의 연구원들은 1년 동안 대통령과 부통령 그리고 각 부처 장관들의 집무실에 배정된다. 연구원들은 백악관 관료나 각 부처의 장관, 상급 군장성, 국회의원, 주지사, 미디어 관계자들과 함께 자주 점심식사를 하게 된다. 따라서 여러분은 비공식적인 상황에서 이러한 인물들과 빈번하게 만날 수 있으며 그들로부터 많은 것을 배울 수 있다. 실제로 제1기 부시 행정부 내에는 콜린 파월 국무장관, 일레인 차오 노동부 장관, 도나 샬랄라 보건복지부 장관 등 전 백악관 연구원 출신들이 많이 포진해 있었다. 특히 샬랄라 장관은 백악관 연구원들에게 정부와 리더십에 대해 가르치는 것을 매우 가치 있게 여긴 사람이다. 샬랄라 장관은 내각 회의에 참석하여 이렇게 말하곤 했다. "저는 백악관 연구원을 데리고 왔습니다. 여러분은 누구를 데려왔나요?"

멘토링은 플로리다 주의 젭 부시 주지사가 가장 주력하는 프로젝트이기도 하다. 1999년도에 부시는 주지사 멘토링 이니셔티브를 만들었으며 프로그램이 설립된 이후에는 약 11만 6000명의 사람들이 멘토가 되겠다고 자원을 했다.

부시 주지사 자신도 탈라하세의 아우구스타 라 중학교 학생들에게 멘토링을 해주었으며 학생들이 숙제하는 것을 돕기도 했다. 이렇듯 주지사 자신이 멘토로 활동함으로써 학생들이 더 나은 점수를 얻는 데 많은 도움이 되었다. 실제로 중앙아메리카의 역사를 공부할 때에는 부시 주지사가 아이들을 직접 가르치기도 했다.

잊을 수 없는 멘토

선생님도 아이들이 열정을 추구하도록 도와주는 멘토가 될 수 있다. 나는 자라면서 이러한 예를 직접 목격했다. 교사였던 내 어머니는 나를 포함해서 많은 아이들의 멘토가 되어주었다.

최근에 나는 선생님이 학생들의 삶에 커다란 영향을 미친다는 사실을 실제로 경험한 바 있다. 어머니가 교직을 떠난 지 수년이 지나고 스털링 파이낸셜이 미국에서 가장 빠르게 성장한 개인 기업으로 선정되었을 때, 나는 파나마 정부가 주최하는 축하 리셉션에 초대를 받았다. 물론 그 행사에는 어머니도 함께 참석했다. 대통령의 관저에 도착해서 행사장으로 걸어가던 도중 우연히 3명의 여성을 지나치게 되었다. 그런데 이들은 록스타라도 만난 것처럼 어머니를 쳐다보는 게 아닌가.

알고 보니 이 여성들은 모두 어머니의 제자들이었다. 그들은 어머니를 최고의 선생님으로 기억하고 있었고, 나보다는 어머니의 행적에 훨씬 더 감명을 받은 것처럼 느껴졌다. 평소 어머니는 실용적인 지식이 이론적인 지식보다 더 유익하다고 가르쳤다. 어머니는 조지타운에서 쌓은 간호 경력을 활용하여 학생들에게 실용적인 교훈을 가르칠 수 있었던 것이다. 과학 수업을 진행하기 위해 어머니는 아버지가 일하는 의학 연구소에 소의 뇌와 돼지의 심장을 기증해 달라고 요청하기도 했는데, 그로 인해 학생들은 그것을 직접 해부해볼 기회를 가졌다. 세월이 흐른 뒤에 어머니의 제자들은 그러한 학창시절의 경험들을 재미있게 기억하였으며 수업시간에 자신들이 얼마나 많은 것을 배웠는지에 대해서 열정적으로 이야기했다.

사람은 인생의 대부분을 일을 하면서 보낸다. 그러므로 어떤 일을 선택하느냐는 대단히 중요한 문제이다. 여러분이 관심을 갖고 있는 분야에서 활동 중인 멘토를 찾아라. 멘토의 경험을 빌린다면 중대한 실수를 피할 수 있으며, 관심 분야가 자신에게 정말로 적합한지 여부를 알 수 있을 것이다.

멘토를 찾는 과정은 쉽지 않다. 멘토를 찾기까지 몇 주, 몇 달, 심지어는 몇 년이 걸리기도 한다. 어떤 사람을 자신의 멘토로 삼기 위해서는 그 사람 밑에서 무보수로 일하겠다고 자원해야 하는 상황이 올 수도 있다. 현재 여러분이 경제적으로 곤란한 처지에 놓여 있다면 이것은 아주 힘든 선택이 될 수도 있다.

하지만 이러한 상황을 잘 참아낸다면, 비록 처음에는 힘들어도 장기적으로 큰 보상을 받게 될 것이다. 여러분이 좋아하는 분야에서 일하면서 얻는 경험은 현재 싫어하는 직업에서 얻는 물질적 이익보다 훨씬 더 가치가 있을 것이다.

멘토를 찾음으로써 여러분은 원치 않는 일을 하게 되는 상황을 피할 수 있으며 자신의 꿈이 무엇인지를 정확히 알게 될 것이다. 그리고 자신이 진정으로 원하는 일을 찾아낼 수 있을 것이다.

최고의 역할 모델은 가까이에 있다

여러분은 훌륭한 멘토를 만남으로써 자신의 열정을 추구할 수 있다. 여러분은 훌륭한 역할 모델을 발견함으로써 보다 나은 사람이 되겠다는 목표를 추구할 수 있으며 장차 여러분 자신도 훌륭한 역할 모델이 될 수 있다.

몇몇 운동선수들은 아주 훌륭한 역할 모델이기는 하지만 여러분은 농구공을 드리블하거나 축구공을 차는 능력 이상의 자질을 찾아야만 한다. 나는 정규 수업을 빼먹고 프로선수로 입단하여 돈을 버는 것보다 학위를 마친 운동선수들을 존경한다. 비록 학업을 중단한 선수라도 시즌이 끝나면 다시 학교로 돌아가서 학업을 계속하는 것을 보고 싶다. 어느 쪽이든 그들이 교육을 받는 모범을 보인다면 교사보다 100배 이상의 연봉을 받는 것을 인정할 수 있다. 결국 그들은 자신들의 열정을 추구하고 있으며 자신들을 바라보는 아이들에게 책임감을 부여하고 어떻게 살아가야 하는지를 가르쳐준다.

마이크 하인스는 우리가 존경할 만한 운동선수이다. 미 프로축구 명예의 전당 회원이자 지금까지 활약한 선수 중에서 최고의 수비수 중 한 명인 하인스는 1976년 뉴잉글랜드 패트리어트에 의해 1차 라운드에 드래프트되었다. 그는 학교를 중퇴했지만 1980년도에 학업을 마칠 수 있었다. 하인스는 은퇴 이후의 삶을 준비하기 위해 경기가 없는 날에는 14년 동안이나 매일 공부를 했다. 경기장 안팎에서 그는 자신의 삶을 위해 목표와 대상을 설정했다. 하인스는 현재 캘러웨이 골프 회사의 이사로 재직 중이다.

인종에 관계없이 우리가 본받을 만한 역할 모델들이 많이 있다. 제1기 부시 행정부만 놓고 보더라도 다양한 인종적 배경을 가진 역할 모델들이 있다. 콜린 파월 국무장관과 안보담당 고문인 콘돌리자 라이스는 모두 아프리카계 미국인이다. 교통부 장관인 노먼 미네타는 일본계 미국인이며 노동부 장관인 일레인 차오는 대만 출신이다. 그리고 에너지 장관인 스펜서 에이브러햄은 레바논계이며 도시개발 장관인 멜 마르티네즈는 쿠바에서 태어났다.

학교에서의 역할 모델

진정한 역할 모델은 경기장이나 영화 또는 정부기관이 아닌 학교에서도 발견할 수 있다. 선생님들은 이 시대의 진정한 스타이다. 하이메 에스칼란테는 훌륭한 역할 모델이자 최고의 선생님으로 불릴 만하다. 나는 에스칼란테를 직접 만나기 전부터 그분을 존경했다. 에스칼란테가 가필드 고등학교에서 교편을 잡고 있을 당시에 그가 가르치는 몇몇 학생들은 마약상을 자신들의 역할 모델로 삼고 있었다. 마약상들에게는 돈과 힘이 있었기 때문에 학생들은 그 점을 닮고 싶어한 것이다. 에스칼란테는 이러한 학생들에게 교육만이 성공으로 가는 지름길이라는 교훈을 가르쳤다.

2002년 2월에 나는 히스패닉계 미국인의 교육 향상을 위한 백악관 정책 담당자 및 플로리다 교육위원회 위원으로 임명되었다. 나는 우리 앞에 놓여진 임무의 중요성을 설명하기 위해 에스칼란테 선생님의 교육 경험을 다룬 비디오테이프 '일어서서 전하라'의 내용을 다른 소속 위원들에게 전달하며 협조를 당부했다. 그로부터 얼마 뒤에 위원회에서 에스칼란테와 함께 일하기로 했다는 소식을 들었을 때 나는 마음이 아주 뿌듯했다.

사람들은 아이들 교육에 대단한 열성을 보여준 마르바 콜린스에 대한 좋은 기억을 갖고 있다. 콜린스는 학생들을 이끌고 지도하는 교사 본래의 의미에 충실해야 한다고 강조했다. 그녀는 3만 명 이상의 교사를 훈련시켰으며 수백만 명의 아이들의 삶에 감동을 주었다.

마르바 콜린스와 같은 교사들은 아이들이 새로운 방향을 찾을 수 있도록 도움을 준다. 용기를 북돋는 친절한 말 한 마디가 그들이 꿈꾸는 것 이상을 해낼 수 있도록 아이들의 동기를 유발시킬 수 있다. 그리고 교사들은 아이들을 위해서 가능성의 세계를 열어줄 수 있다.

데이비드 M. 슈리반은 모든 직업의 사람들과 인터뷰를 했다. 그가 대화를 나누었던 모든 사람들은 자신의 삶에 중요한 역할을 하였던 선생님에 대한 일화를 간직하고 있었다. 모범생이든 문제아이든 또는 무엇을 하든 간에, 오늘날의 자신들을 만드는 데 중요한 역할을 한 선생님이 있었던 것이다. 『나는 선생님을 기억합니다』라는 책의 서문에서, 슈리반은 다음과 같이 옛 속담에 새로운 관점을 덧붙여서 말했다. "할 수 있는 사람들은 한다. 가르칠 수 있는 사람은 그보다 더 많은 것을 해낸다."

아이들을 위한 역할 모델

정신 건강을 위한 하버드 의대 센터의 세릴 K. 올슨은 낙천적인 아이들을 기르는 방법에 대해서 조언을 해주었다. 올슨은 자녀들이 살아가는 동안 밝은 측면을 발견할 수 있도록 용기를 북돋아주라고 말한다. 아이가 특정 주제를 싫어한다면, 그애가 재미있어 하는 것에 초점을 맞추도록 유도하라. 올슨은 또한 자녀들이 어떤 부정적인 사건을 경험하고 나서 그것을 일반화하는 것을 막아야 한다고 충고한다.

부모들은 어려운 업무를 매끄럽게 처리하는 직장 내의 누군가와 같은 역할 모델이 있어야 한다. 아마도 여러분이 찾는 역할 모델은 바쁜 시간을 쪼개 지역사회를 위해 봉사하는 이웃이나 리틀 야구팀의 감독을 맡기 위해 동료들과의 술자리를 거절하는 친구일 수도 있다. 보다 나은 역할 모델이 되려고 노력하면서 진실함, 성실성, 겸손함, 예의바름, 지혜, 선행과 같은 6가지 자질을 항상 유념하라. 윌리엄 메닝거 박사는 이 6가지를 성공의 핵심으로 간주했다.

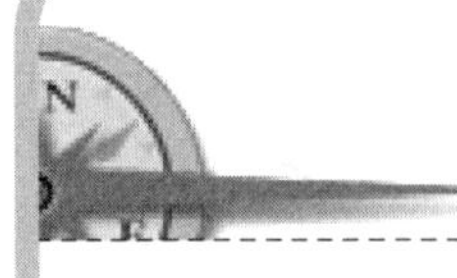

아이들의 최고의 역할 모델은 운동선수나 TV 스타가 아니다. 최고의 역할 모델은 항상 아이들 가까이에 있는 사람들이다. 그대상은 바로 부모님일 수도 있고, 선생님일 수도 있다. 아이의 최초의 역할 모델은 대부분 부모님이다. 그리고 선생님은 아이의 일생 동안 가장 큰 영향을 미치는 역할 모델이다. 따라서 역할 모델은 항상 아이들의 존경의 대상이 되어야 한다.

여러분이 존경하는 누군가를 떠올려보라. 그 사람은 사회의 지도자일 수도 있고 누군가 힘들 때마다 도움의 손길을 뻗치는 가까운 이웃일 수도 있다. 무엇이 그들에 대한 존경심을 불러일으키는지 스스로에게 물어보라. 그들은 친절하고 사려 깊게 행동하는가? 그들은 인간의 내면적 가치에 대한 믿음을 갖고 있는가? 가치 있는 일을 하기 위해서라면 기꺼이 자신의 시간과 돈을 쓰는가? 그렇다면 여러분도 그러한 자질을 기르고 최고의 역할 모델이 될 수 있도록 노력하라.

매일매일 기록을 남겨라

스털링 파이낸셜 그룹은 1997년에 설립되었다. 2002년 8월에 「히스패닉 비즈니스 리뷰」는 우리 회사를 미국 내 히스패닉계 기업 중에서 가장 성장이 빠른 기업으로 선정했다. 같은 해 8월에는 「Inc.」지에 의해 미국의 500대 유명 기업 중에서 여덟 번째로 성장 속도가 빠른 개인 기업으로 선정되었으며 2년 연속 플로리다 주에서 가장 빠르게 성장하는 기업으로 인정받았다. 우리 회사의 목표는 기관투자가뿐만 아니라 최고의 히스패닉계 금융 서비스 회사가 되는 것이다.

스털링 파이낸셜은 미국을 비롯한 7개국에 지점을 두고 있다. 현재 나는 회사 운영의 세세한 부분까지 신경 쓸 여유는 없지만, 경영자로서 회사가 어떻게 돌아가고 있으며 내 주의가 필요한 부분이 어디인지에 대해서는 직접 모니터링을 하고 있다. 내가 기록하는 전쟁 일지는 전세계의 스털링 파이낸셜 지점들이 매일 어떻게 돌아가고 있는지를 파악하는 데 도움이 된다. 전쟁 일지는 세계 각국의 지사 관리자들이 보내온 일일 보고서를 편집한 것으로, 의사소통 라인을 개방하여 내가 관심을 가져야 할 문제를 즉시 알려주는 역할을 한다. 이렇듯 전쟁 일지를 통해 전세계에 흩어진 직원들과 의사소통을 함으로써 내가 그들에게 관심을 갖고 있다는 점을 수시로 알린다. 만일 이러한 의사소통 과정이 없었더라면 멀리 떨어져 있는 직원들은 소외감을 느끼거나 회사의 성공에서 자신들의 역할의 중요성을 자칫 인식하지 못할 수도 있다.

전쟁 일지에 대한 아이디어는 나의 군대 경험에서 얻었다. 나는 군 복무 중에 장군을 보좌하는 임무를 맡았는데 아침마다 제일 먼저 브리핑 자료를 확인하게 된다. 거기에는 장군의 스케줄과 사단장들이 올린 보고서가 들어 있다. 전쟁 일지는 또 다른 목적도 갖고 있는데, 그것은 직원들이 방심하지 않도록 내가 그들을 항상 점검하고 있다는 사실을 인식시키는 것이다.

성공하기 위해서는 일일 플래너 이상의 것이 필요하다

관리자이든 기업가이든 일반 직원이든 간에, 여러분은 진행 중인 프로젝트 상황에 대한 전쟁 일지를 써야 한다. 여러분은 누가 어떤 책임을 맡고 있는지를 파악해야 하며, 프로젝트와 업무가 제대로 진행되고 있는지를 수시로 점검해야 한다.

전쟁 일지는 또한 큰 문제로 확산될 수 있는 수많은 작은 문제들을 사전에 점검할 수 있게 해준다. 장인인 세이모어 홀츠먼은 문제는 항상 아주 작은 부분에서 비롯된다고 내게 충고했다. 비즈니스맨이 되기 위해서 여러분은 사업이 어떻게 돌아가는지 세세한 부분까지 파악해야 하며 책상 위에 놓인 서류들을 일일이 검토해야 한다. 장인은 언젠가 단어 하나 때문에 부동산 계약에서 200만 달러의 손해를 입은 적이 있다. 그 이후로 그는 계약서 조항을 하나하나 세심하게 검토해서 확실하지 않은 부분은 변호사에게 자문을 구한다.

여러분이 회사를 경영하진 않더라도 자신만의 전쟁 일지를 쓸 수 있다. 어쩌면 그것은 성공 일지처럼 보일 것이다. 여러분이 진행하고 있는 프로젝트를 모두 적어보고 그 일을 끝마칠 때까지의 과정을 상세히 기록하라. 이 방법은 개인의 목표를 달성하는 데에도 적용할 수 있다. 성공 일지에 여러분의 꿈과 그 꿈을 달성하기 위해 어떤 계획을 수립할 것인지를 기록하라. 그리고 그것을 매일매일 확인하고 꿈을 실현하기 위해 무엇을 실천했는지를 적어두라.

성공을 쟁취하기 위한 전쟁에서 일지를 쓴다면 여러분은 그 전쟁을 승리로 이끄는 야전사령관이 될 수 있다. 여러분이 회사를 경영한다면 전쟁 일지는 직원들의 업무를 한눈에 점검할 수 있게 해줄 것이다. 또한 기업의 관리자라면 주요 프로젝트의 진행 상황을 파악하는 데 도움이 될 것이다. 여러분의 상사가 업무에 관해 질문했을 때 전쟁 일지를 써두면 당황하지 않고 상황을 일목요연하게 브리핑할 수 있다.

기업을 경영하거나 조직을 관리하지 않더라도 여러분은 개인적 활동들을 관리하기 위해 전쟁 일지나 성공 일지를 써야 한다. 그렇게 하면 불필요하게 시간을 허비하지 않았는지, 목표를 성취하는 데 중요한 어떤 일을 하지 않았는지 쉽게 파악알 수 있고 어떤 노력이 가장 효과적이었는지도 알 수 있다. 여러분은 일지를 기록함으로써 현재의 경험에서 중요한 것들을 배울 수 있을 것이다.

시간은 내 편일 수도 적일 수도 있다

나의 장인은 어떤 거래를 결정할 때에 시간은 내 편일 수도 있고 적일 수도 있다고 충고했다. 시간이 내 편이라면 협상을 오래 끌 수 있지만, 반대의 상황이라면 보다 신속한 결정을 내려야만 한다.

시간이 내 편이라면 정보가 부족한 상태에서 결정을 내려야 하는 압박감을 느끼지 않아도 되며 상황을 더욱 철저하게 분석할 수도 있다. 그러나 기업가들이 직면하는 가장 큰 어려움 중 하나는 정보가 미비된 상황에서도 어떤 결정을 내려야 한다는 점이다. 기업가들이 필요한 정보를 충분히 얻을 때까지 기다린다면 그 사이에 기회의 창이 닫혀버릴 수도 있다.

회사를 운영하면서 나 역시 이와 비슷한 상황에 부닥친 경험이 있었다. 메릴린치가 그리스에서 지점을 폐쇄한다는 소문이 돌았다. 그때 나는 스털링 파이낸셜이 그리스 시장에 뛰어들 수 있는 좋은 기회라고 판단했다. 나는 그 즉시 메릴린치의 직원들을 영입하고 사무실을 개설하기 위해 그리스행 비행기를 탔다. 그리고 그리스와 런던, 미국의 변호사들을 고용해서 필요한 서류 작업을 모두 준비하여 2주 후에 사무실을 열었다. 당시에 시간은 분명 우리 편이 아니었지만 거래를 성사시키기 위해 주어진 시간을 최대한으로 이용했고 여러 나라에 있는 사람들의 도움을 끌어낼 수 있었다. 그 결과 우리는 아테네에 지점을 개설할 수 있었으며 관심을 갖고 있던 새로운 해외 시장에 스털링 파이낸셜의 기반을 신속히 구축하는 데 성공했다.

언젠가 우리 회사에 관심을 갖고 있는 경쟁업체의 사람과 점심을 함께 한 적이 있었다. 대화 도중에 그는 자신의 회사가 인수를 고려하고 있다는 한 회사에 대해 언급했다. 만일 그가 다른 회사를 인수할 수 있다면 나 역시 그럴 수 있을 것이다. 나는 회사 소유주에게 전화를 걸어서 우리 쪽에 경영권을 넘겨달라고 설득했다. 3일 후에 우리는 거래를 성사시켰으며 그 후 단기간에 영업력을 2배로 높일 수 있었다.

시간이 여러분 편이라면 그 자리에서 바로 구매 결정을 내릴 필요가 없다. 여러분은 항상 여러 공급업체들을 상대로 경쟁 입찰에 붙여야 한다. 우리는 1만 9000달러 상당의 비용이 드는 신규 전화 시스템을 구매하는 중이었다. 입찰을 추진하는 과정에서 나는 한 공급업자로부터 중고전화 시스템이 가격도 훨씬 저렴하고 우리의 필요에 맞다는 얘기를 들었다. 나는 그 중고전화 시스템을 구입하는 대신에 장인의 조언에 따라 경쟁 입찰에 붙였다. 결국 우리는 최초의 공급업자가 제시한 가격보다 훨씬 저렴하게 중고전화 시스템을 구입할 수 있었다.

시간이 여러분 편이라면, 여러분이 원하는 방향으로 거래가 진행되지 않을 때 협상 테이블에서 일어나 잠시 생각하는 여유를 가질 수 있다. 그러다 보면 상대방이 종종 더 나은 조건을 제시해 오기도 한다. 최상의 거래를 성사시키기 위해서는 설령 6개월 동안 협상에 매달려 있는 상황이라고 해도 잠시 물러설 줄 알아야 한다. 왜냐하면 상대방이 거래에 너무 많은 시간과 비용을 투자했을 수도 있고, 여러분의 계약 조건에 동의해올 수도 있기 때문이다.

  항상 시간을 내 편으로 만들어라. 마감 시한이 다가오기 전에 협상 테이블에서 잠시 물러나 있어라. 그리고 자신만의 마감 기일을 정하고 반드시 그것을 지켜라. 또한 계획에 찬물을 끼얹을 수 있는 불가피한 실수나 혼란에 대비하여 시간을 남겨둬라.

  전략적으로 계획을 세워라. 그러면 시간은 여러분 편이 되어줄 것이다. 하지만 서투른 기획자는 곧잘 시간을 자신의 적으로 만들어버려 결국 불리한 입장에 처하고 만다.

  치밀하게 계획을 세우거나 특정 목표를 달성하기 위한 구체적인 단계들을 설정해 놓는다면 시간이 여러분에게 유리하게 작용할 것이다. 시간이 여러분 편이라면, 최상의 결정에 도달하기 위해 시간을 최대한 활용할 수 있다. 예를 들어 여러분은 의사결정에 도움을 줄 만한 중요한 사람들을 만나 상의해볼 수 있고, 최종 결정에 의해서 영향을 받게 될 사람들을 만나서 의견을 나눠볼 수도 있다. 그러면 그들은 의사결정 과정에 자신이 참여했다는 느낌을 가짐으로써 그 결정에 보다 적극적인 태도를 취할 것이다.

항상 리더의 마인드를 가져라

여러분이 현재 어떤 위치에 있다고 하더라도 여러분은 리더가 될 수 있다. 군대에서 리더십 능력을 보여주는 사병들을 볼 수 있다. 그들은 현재 명령을 내릴 지위에 있지는 않지만 동료 사병들을 격려하고 이끌어주는 역할을 충분히 해낼 수 있다.

민간인들은 군대의 리더십 모델을 통해 많은 것을 배울 수 있다. 윌리엄 A. 코헨은 『리더의 새로운 기술』이라는 책에서 전투 리더십 모델과 보편적인 8가지 리더십 법칙에 대해 설명하고 있다. 박사이자 예비역 공군 중장인 코헨에 따르면, 이러한 리더십 법칙들은 전투에서 부대를 지휘하거나 사적인 모임을 주도하는 상황 모두에 적용할 수 있다고 한다.

1. 높은 수준의 성실성을 유지하라. 성실한 태도는 모든 리더십의 근본이다.
2. 재능을 파악하라.
3. 기대하는 바를 분명하게 제시하라.
4. 헌신성을 보여라.
5. 긍정적인 결과를 기대하라.
6. 주위 사람들을 보살펴라.
7. 의무를 다하라.
8. 맨 앞에 나서라.

나는 공군사관학교에서 배운 교훈을 비즈니스에 적용해 왔다. 공군사관학교의 사명 선언은 강직함과 성실성을 갖춘 리더를 양성하는 데 초점이 맞추어져 있다. 그들은 기꺼이 책임을 받아들이며 다른 사람에게 책임을 떠넘기는 것을 싫어한다. 사명 선언은 또한 이기심이 없는 의무에 대한 헌신을 강조하고 있다. 졸업생은 결단력과 규율이 있어야 한다. 이러한 자질들은 또한 회사가 직원들에게 기대하는 것이기도 하다.

어떤 위치에서든지 다른 사람을 이끌 수 있다

리더십 능력을 개발하는 한 가지 방법은 조직 내에서 논의되고 있는 주요 이슈나 사건에 대하여 자신의 견해를 밝히는 것이다. 회사가 직면하고 있는 중요한 문제에 대한 자신의 견해를 다른 사람들과 공유하라.

단, 그 생각은 매우 신중하게 결정되고 악의 없이 전달되어야 한다.

펫 하임과 엘우드 채프먼은 『리더십 배우기』라는 책에서, 리더십의 힘에는 3가지 근본적인 원천이 있다고 설명한다. 그것은 바로 성격의 힘, 역할의 힘, 그리고 지식의 힘이다. 리더십 능력은 반드시 자신의 현재 지위에서 비롯되는 것은 아니다. 지식의 힘은 리더십의 힘 중에서 매우 중요한 원천이며 누구라도 지식을 이용하여 자신에게 힘을 부여할 수 있다.

심지어 조직에서 가장 낮은 위치에 있더라도 여러분의 성격은 어떤 임무를 주도해 나가도록 만들 수도 있다. 하임과 채프먼에 따르면, 몇몇 사람들은 다른 사람들로 하여금 자신들을 따르도록 만드는 특성과 자질이 있다고 한다. 아마도 그것은 공정함, 결단력, 긍정적인 자세, 책임감과 같은 특성들일 것이다. 이러한 특성을 갖고 있는 누군가를 리더로 받아들이는 것은 어렵지 않다.

나폴레온 힐은 매력적인 성격을 갖는 방법을 다음과 같이 소개한다. 여러분은 융통성, 예의바름, 유머감각, 다재다능, 겸손함과 같은 다양한 측면들을 개선하여 매력적인 성격을 만들 수 있다. 긍정적인 태도는 매력적인 성격 중에서 가장 중요한 요소이다. 윌리엄 손넨샤인은 『다양성의 도구 상자』라는 책에서 다음과 같이 적절하게 요점을 정리하고 있다.

"자신이 존경받고 있다고 느끼거나 자신의 말을 다른 사람들이 중요하게 여긴다는 것을 알 경우, 설령 리더의 위치에 있지 않더라도 리더십을 발휘할 것이다." 일단 리더의 역할을 맡으면 다른 사람을 이끌어 나가는 능력을 기르게 된다. 역사가인 시릴 폴스는 다음과 같이 말했다. "리더의 역할 자체가 리더십 능력을 길러준다."

　스포츠 분야에도 다양한 종류의 리더들이 있다. 팀 동료들을 이끌어 나가는 강력한 성격을 지닌 선수도 있고, 자신이 직접 모범을 보임으로써 동료들을 리드하는 선수도 있다. 그들은 말을 많이 하지는 않지만 행동을 통해 보여지는 결단력은 동료들에게 더욱 열심히 하라는 의미로 받아들여진다.

관리자가 아닌 리더가 되라

훌륭한 관리자는 리더가 될 수 있다. 그들은 단지 직무 기술서에만 의존하지 않으며 지시를 기다리기보다는 업무를 완수하기 위해 새로운 접근 방법을 개발한다. 그들은 또한 새로운 아이디어를 시도하면서 상사의 승인을 요청하지 않는다.

　콜린 파월은 리더십을 이렇게 정의한다. "리더십은 경영학이 가능하다고 말하는 것 이상을 성취해내는 기술이다." 파월은 또한 리더의 역할에 대해 다음과 같이 말한다. "리더는 조직이 나아갈 방향에 대해서 구체적인 의견을 지니고 있어야 하며, 조직의 의견 일치를 이끌어내는 것이 리더의 역할이다."

　리더는 설득력 있는 용어를 사용하여 자신의 비전을 전달해야 하고 포용력을 지녀야 하며, 조직 구성원들의 헌신을 이끌어낼 수 있어야 한다. 또한 의견 일치를 추구하되, 결정적인 순간에는 단호히 앞으로 나아갈 줄 알아야 한다.

　마틴 루터 킹은 이렇게 말했다. "진정한 리더는 동의를 얻어내는 사람이 아니라 동의를 만들어내는 사람이다."

아이들에게 리더십을 길러줘라

여러분은 부모로서 자녀들에게 리더가 될 수 있는 자질을 길러줄 필요가 있다. 이를 위해 먼저 아이들의 성격이나 성향 그리고 기질을 이해해야 한다. 아이들이 스트레스를 받았을 때 어떤 식으로 반응하는지 관찰해보라. 그런 다음 그 압박감을 해소할 수 있도록 적절한 도움을 주어야 한다. 아이들에게 일생을 통해서 도움이 되는 조직 기술을 가르쳐주자. 단순히 아이들을 평범하게 키우기보다는 독립정신을 길러주는 것이 무엇보다 중요하다.

아이들에게 지나칠 정도로 많이 주는 것은 동기부여의 계기를 송두리째 빼앗는 것과 같다. 플라이 낚시를 배울 때, 할아버지는 내가 성공적으로 낚싯줄을 던질 때마다 동전 한 개씩을 선물로 주셨다. 그것은 내게 1달러짜리보다 수백 배의 가치가 있는 돈이었다. 그때의 경험을 계기로 나는 성공과 함께 찾아오는 경제적 보상의 의미를 알게 되었다.

나는 다음과 같은 격언을 항상 마음속에 새겨두고 살아간다. "물고기 한 마리를 주면 하루를 먹고 살 수 있지만, 낚시하는 방법을 가르쳐주면 평생을 먹고 살 수 있다."

　많은 성공한 사람들은 타고난 리더들이다. 몇몇 사람들은 그들의 열정, 지식, 또는 헌신성 덕분에 조직의 맨 윗자리까지 오를 수 있었다. 리더가 되려면 매사에 주도적이며 새로운 아이디어를 앞서 실천해야 한다. 그리고 공정함, 융통성, 결단력이 있어야 하고 다른 사람들의 의견을 존중해야 한다.

　리더의 자질을 타고나지 않았더라도 여러분은 자신의 리더십 능력을 개발할 수 있다. 리더의 역할을 수행할 만한 기회를 찾아보라. 프로젝트를 주도하거나 책임을 떠맡는 위치에 설 수 있는 임무에 자원하라. 그리고 다른 사람에게 책임을 위임하고 과제를 달성하도록 격려하는 자리를 자발적으로 맡아라. 주위를 잘 둘러보면 이러한 기회들은 널려 있다.

　공군사관학교 재학 중에 나는 웨스트포인트에 있는 미 육군사관학교에서 주최하는 리더십 과정을 수강했다. 그리고 백악관 연구원직에 지원하여 국가적 차원의 리더십에 대해 배울 수 있었다.

커뮤니케이션은 단순하게 하라

세계적인 리더나 한 기업의 리더가 되려면 복잡한 문제를 쉽게 이해하게 만드는 능력이 필요하다. 우리의 생활은 예전보다 훨씬 더 바빠졌고 수많은 정보의 쇄도로 인해 혼란스러운 상황이다. 리더는 이러한 혼란 속에서 사람들의 관심을 끌 수 있는 분명하고 적절한 메시지를 전달해야 한다.

미 행정부의 마약 담당 국장인 빌 베닛은, 사람들은 이해하기 어려운 내용에는 관심을 갖지 않을 것이라고 믿었다. 그는 사람들에게 연설할 때 먼저 자신의 연설 주제가 왜 중요한지를 이해시키기 위해 노력한다. 베닛은 교육이나 마약과의 전쟁 같은 이슈들을 다루는 데 탁월한 능력을 지녔으며 사람들이 왜 그 문제에 관심을 기져야 하는지를 잘 전달했다.

무엇을 말할 것인지
먼저 결정하라

준비는 효과적인 의사 전달에서 핵심적인 역할을 한다. 법정에서 꼼꼼하게 변론을 준비하는 변호사는 승소할 가능성이 높다. 중요한 문제에 대해서 아이들과 이야기를 나눌 때에도 여러분은 무슨 얘기를 할 것인지 미리 생각해두어야 한다. 그렇지 않으면 아이들이 질문을 했을 때 여러분은 그저 "내 말을 그대로 따르면 돼"라고 대답할 수밖에 없을 것이다.

사전 준비 없이 중요한 문제에 대해 자신의 입장을 설명할 수 있는 사람은 아주 드물다. 에이브러햄 링컨은 훌륭한 웅변가였지만 훌륭한 즉흥 연설가는 아니었다. 스티븐 더글러스와 토론을 시작하기 전에 링컨은 상대편 후보자의 연설 내용을 깊이 연구했으며 다른 상원위원들의 연설 내용까지 함께 검토하고 관련 자료도 찾아 읽었다. 이처럼 링컨은 치밀한 준비 과정을 거쳐 토론에 임했다.

은퇴한 해군 제독인 제임스 스톡데일은 북베트남 포로 수용소에서 약 8년간이나 복역한 전쟁 영웅이다. 하지만 그는 1992년 부통령 후보 TV 토론회에 출연하여 형편없는 이미지를 보여준 것으로 더 유명하다. 당시 스톡데일은 로스 페로를 위해 뛰고 있었는데 부통령 후보로 토론회에 참석할 것이라는 사실을 마지막 순간에야 알게 되었다.

토론에 임하기 위해 최소한 몇 주에서 길게는 몇 달을 준비한 다른 후보와는 달리, 스톡데일은 자신에게 던져질 수 있는 예상 질문들에 대해서 사전에 아무런 준비도 하지 않았다. 결과적으로 그는 현안들에 대해서 자신의 입장을 분명하게 밝히지 못했다. 결국 이날의 토론은 그의 참패로 끝이 났다.

스톡데일은 언젠가 이렇게 말했다. "성격은 영원하지만 현안들은 일시적이다." 그러나 이 말이 토론회에서 수세에 몰린 그를 도와주지는 못했다. 효과적인 의사소통을 위해서는 완벽한 준비가 필수적이다. 그렇지 않으면 십중팔구 자신의 메시지를 전달하는 데 실패할 것이다.

단순화하라

문서로 된 의사 전달은 구두로 전하는 것만큼 분명히 이해할 수 있어야 한다. 내가 테러와의 싸움이나 마약 문제들에 관하여 보고서를 작성하면, 상사는 복잡하게 쓰여진 자료들은 거들떠보지도 않았다. 복잡한 문제를 간단하게 설명하지 못한다면 여러분이 그 주제를 제대로 이해하지 못한 것이다. 논지를 정하고 그것을 적절한 사실과 수치로 뒷받침하되, 최대한 단순화하라!

연설을 할 때에는 여러분이 전달하고자 하는 메시지가 무엇인지 정확히 알고 있어야 한다. 연설가들 중에는 농담을 하거나 부차적인 주제들만 언급하다 정작 자신이 전달하고자 하는 메시지를 잊는 경우가 많다. 드와이트 아이젠하워 대통령은 성냥갑 속에 넣을 수 있을 정도로 연설 내용을 간결하게 준비해야 한다고 말했다. 토머스 제퍼슨 또한 간결함의 가치를 믿은 인물이었다. 그는 이렇게 말했다. "가장 소중한 재능은 한 단어로 가능한 것을 두 단어로 표현하지 않는 것이다."

작가인 스티븐 킹의 문체는 토머스 제퍼슨의 것과는 약간 다르다. 그러나 그는 글쓰기 방법에 대해서 다음과 같은 조언을 했다.

그는 어려운 단어를 사용하기보다는 되도록이면 맨 처음 머릿속에 떠오르는 단어를 사용하고, 문장을 짧게 쓰라고 말한다. 짧고 단순한 진술이 더 강력한 힘이 있기 때문이다. 킹은 부사를 사용하는 것도 되도록 자제하라고 충고한다. '그는 문을 굳게 닫았다'라는 문장에서 부사인 '굳게'는 별다른 의미가 없다는 것이다. 그는 또한 능동형 문장을 쓸 것을 권한다. 예를 들면 '사체가 부엌에서 방으로 옮겨졌다'라는 수동형을 쓰는 대신 '그들은 부엌에서 방으로 사체를 옮겼다'라는 능동형을 써야 한다는 것이다.

간결하고 분명하게 메시지를 전달하라. 말하기 전에 무엇을 말하고자 하는지를 분명히 알고 있어야 한다. 그리고 서면으로 전달할 때에는 요점을 명확하고 간결하게 서술해야 한다. 복잡한 사안을 다룰 때에는 요점을 간단하게 정리해서 청중들이 이해하기 쉽게 만들어라.

복잡한 사안일수록 단순하고 직설적으로 논의해야 해결될 수 있다. 어려운 문제는 임기응변적인 답변이 아니라 심사숙고를 거친 답변이 필요하다. 그리고 성공적인 프리젠테이션을 위해서는 철저한 준비를 해야 한다.

법정에서 논쟁을 벌이든 업무상 프리젠테이션을 하든, 자신의 입장을 보다 분명하게 밝히는 것이 중요하다. 이러한 태도는 의사전달 능력을 한층 더 강화시켜줄 것이다. 그리고 자신의 입장을 효과적으로 납득시키기 위해서는 수사적 표현에 의존하기보다 문제에 대한 정확한 이해를 보여줄 필요가 있다. 심지어 아이들과 이야기할 때에도 부모로서의 권위를 내세우기보다는 논리적이고 합리적인 근거를 들어서 아이들을 이해시켜야 한다.

어떤 상황에서도 소신을 지켜라

영화감독인 새뮤얼 골드윈은 이렇게 말했다. "나는 더 이상 예스맨을 원하지 않는다. 나는 사람들이 내게 진실을 말해주길 바란다. 그로 인해 일자리를 잃게 되더라도 말이다."

나 역시 예스맨을 좋아하지 않는다. 나의 이런 태도는 남극 탐험가인 어니스트 섀클턴을 닮았다. 섀클턴은 대원들을 선발할 때 예스맨을 뽑지 않았다. 모렐과 카파렐이 『섀클턴 방식』이라는 책에서 지적한 대로, 그는 주도적이고 소신 있는 사람을 원했다. 한편 그러한 직원들과 일하기 위해서는 리더들 역시 직원들의 의견을 존중하는 리더십을 갖추는 것이 필수적이다. 리더는 모렐과 카파렐이 '섀클턴 방식'이라고 부르는 접근 방법을 따를 필요가 있다. 그것은 유머, 관용, 영리함, 강인함, 이

해심 등과 같은 요소들로 이루어져 있다. 저자들은 그것을 '인간의 얼굴을 한 비즈니스'라고 부른다.

우리 회사에는 나와 의견이 맞지 않아서 해고된 사람은 한 명도 없다. 나는 직원들에게 스스로를 되돌아보고 자신들이 범한 실수를 통해서 교훈을 얻으라고 충고한다. 나는 언제나 내가 옳다고 말해주기보다는 나와 다른 입장을 취할 수 있는 용기와 소신을 가진 사람들과 함께 일하고 싶다.

하지만 자신의 소신을 지켜내기란 그리 쉬운 일이 아니다. 여러분이 공직에 몸담고 있다면 더욱 그러하다. 때로는 소신을 지키기 위해 자리에서 물러날 각오가 되어 있어야 한다. 내가 이러한 기본적인 진실의 시험대에 오른 적이 있다. 일정 비율의 소수 인종 학생들을 의무적으로 유치하도록 한 미시간 법대의 입학 정책이 문제가 되어 대법원까지 올라갔을 당시에 나는 정부의 교육 자문위원으로 활동하고 있었다. 대통령과 플로리다 주지사, 그리고 내가 존경하는 많은 지도자들은 미시간 대학의 입학 관행이 위헌임을 선언해줄 것을 대법원에 촉구했다.

비록 대통령과 플로리다 주지사는 인종적 다양성에 대한 지지를 표명하기는 했지만 인종 중립적인 입학 정책을 지지했다. 그들은 인종 중립적인 입학 정책이 캠퍼스에 다양성을 가져다줄 수 있다고 믿었다. 하지만 이러한 정책은 플로리다 주에서는 잘 시행되었으나 모든 주에서 효과를 거두리라고 보기는 어려웠다. 사실 그러한 정책이 적합한 곳은 몇몇 대학에 불과했다. 나는 국립대학에 입학할 수 있는 자격을 시험 성적만으로 결정해서는 안 되며 개인적 특성의 다양한 측면이 평가되어야 한다고 생각했다.

이러한 이유에서 나는 미시간 대학의 입학 정책을 지지하는 기업들의 모임에 우리 회사도 참여하게 했다. 그 모임은 보잉, 코카콜라, GE, 인텔, 마이크로소프트, 프록터&갬블 등 65개 이상의 기업들로 이루어졌다. 이들 기업들은 대법원에 의견서를 제출하면서 다음의 사실을 강조했다. "점점 다양화되고 상호 연결되어 있는 세계 경제에서 다양한 인종이나 종교 그리고 문화적 배경을 가진 사람들로 구성된 조직은 미국의 경쟁력을 유지하는 데 필수적이다." 이들 65개 기업 중에서 스털링 파이낸셜 그룹은 포춘 500대 기업에 포함되지 않은 3개 회사 중 한 곳이었다.

이들 기업 외에도 60여 곳이 넘는 국가기관에서 미시간 대학의 입학 정책을 지지하는 의견서를 대법원에 제출했다. 그 중에는 은퇴한 군장성 그룹도 포함되어 있었다. 그들은 다양한 인종의 병사들을 효과적으로 지휘할 수 있는 다양한 인종의 장교 그룹이 국가 안보에 필수적이라고 주장했다. 이 단체들은 의견서를 통해 일정한 자질을 갖춘 지원자들 중에서 소수 인종을 선택할 수 있는 재량권을 대학 당국에 부여할 것을 대법원에 촉구했다. 2003년 6월, 대법원은 5대 4로 미시간 법대의 입학 정책을 지지하는 판결을 내렸다.

존경하는 사람 밑에서 일할 때, 그 사람과 항상 입장을 같이한다는 것은 쉬운 일이 아니다. 그러나 진실한 우정처럼 진정한 충성심은 자신의 원칙과 양심에 충실한 것과 결코 배치되지 않는다. 강한 충성심은 그것이 일정한 원칙하에서만 미덕이 될 수 있다.

개인적 혹은 비즈니스 차원의 복잡한 이해 관계에도 불구하고 여러분은 자신의 생각에 대해 확신을 가져야 하며 그것을 용기 있게 표현할 수 있어야 한다. 하지만 자신의 주장을 펼치거나 다른 사람을 반박할 때에는 빈정거리는 투로 말해서는 안 된다. 그러한 잘못된 행동은 여러분이 상상하는 것 이상으로 나쁜 인상을 줄 수 있다.

조직의 리더는 직원들로 하여금 그들이 생각하는 문제점이나 의견을 거리낌없이 솔직하게 털어놓도록 격려해야 한다. 직원들의 의견을 존중하는 리더십은 문제가 발생하기 전에 미리 대처할 수 있게 하며, 이는 결국 상당한 시간과 돈의 낭비를 막아준다.

최고의 인재를 끌어들여라

2002년 7월 24일 저녁 9시, 나인 콜 직원들은 펜실베이니아 주 서머셋 근처의 광산 지하 240피트에서 작업을 하고 있었다. 교대 시간이 다 되어갈 무렵, 광부들이 물로 가득 찬 인접 갱도를 건드리는 바람에 사고가 발생했다. 갑자기 5000만 갤런의 물이 갱도로 밀려 들어온 것이다. 쏟아지는 물로 인해 대부분의 광부들이 익사했고 일부만이 물이 없는 장소로 대피할 수 있었다.

구조를 기다리는 동안 광부들은 시시각각 생명의 위협을 받았다. 공기는 인근 갱도에서 유입되는 독가스에 오염된 상태였다. 차가운 물이 갱도로 밀려 들어왔기 때문에 저체온증이 발생할 우려도 있었다. 그러나 가장 큰 문제는 그들이 지하 240피트 아래에 있다는 것이었다. 그들과 지면과의 거리는 20층 높이의 건물과 맞먹는 정도였다.

　이러한 상황을 고려해서 광부들은 결정을 내렸다. 살아도 함께 살고 죽어도 함께 죽기로 한 것이다. 그들은 물이 갱도로 계속 흘러 들어와도 휩쓸리지 않도록 서로의 몸을 묶었다.

　한편 갱도 밖에서는 급조된 구조팀이 광부들을 구하기 위해 작전을 짰다. 첫 번째 과제는 물이 밀려 들어왔을 때 광부들이 빠져나올 수 있는 지점을 예측하는 것이었다. 구조대는 광부들이 있을 것이라고 추측되는 지점에서 지름 6인치의 파이프 구멍을 파 들어갔다.

　구조대가 추측 지점까지 구멍을 뚫었을 때 광부들은 파이프를 두드리며 자신들이 살아있음을 알렸다. 구조대는 수위 상승을 억제하기 위해 파이프를 통해 뜨거운 공기를 밀어넣었다. 그 덕분에 광부들은 숨을 쉴 수 있었고 저체온증의 위험도 줄어들었다. 하지만 구조대원들은 또다시 장애물에 부닥쳤다. 광부들이 갇혀 있는 지점까지 파고 들어갈 굴착 장비가 없었던 것이다.

　몇 시간 후에 장비가 도착해서 굴착 작업이 시작되었다. 하지만 작업을 시작하자마자 1500파운드 무게의 드릴이 부서져버렸다. 15시간이 지나서야 드릴이 복구되고 작업이 재개되었다. 작업 과정에서 고이는 물은 밖으로 퍼 올려졌다. 동굴을 뚫고 들어갈 때 광부들이 물에 휩쓸려 익사할 수도 있기 때문이었다. 구멍을 모두 뚫고 난 후에도 26인치 크기로 구조 캡슐을 올리고 내리는 위험한 작업이 남아 있었다.

　지상에서 수백 명의 구조대원들이 사고 지점에 도달하기 위해 애쓰는 동안, 지하에 갇힌 광부들도 살아남기 위해 안간힘을 쓰고 있었다. 그들은 서로 몸을 껴안아 체온을 유지했고, 한 광부가 남겨둔 샌드위치

한쪽을 나누어 먹었다. 불빛을 아끼려고 안전모에 부착된 라이트도 꺼 두었다.

77시간의 힘겨운 구조와 긴장의 시간이 지나고 9명의 광부들이 모두 구조되었다. 임무는 성공적으로 끝이 났다. 갇힌 광부들의 팀워크뿐만 아니라 구조대원들의 헌신적인 노력의 결과였다. 그들은 모두 자신들의 일을 해냈으며 악조건 속에서도 포기를 하지 않았다.

자신들에 대한 구조 작업을 포기했을지도 모른다고 느껴질 때가 수차례 있었지만 9명의 광부들은 끝내 희망을 잃지 않았다. 서로에 대한 신뢰와 광부로서의 경험, 그리고 얼마간의 행운으로 그들은 가혹한 시련에서 살아남은 것이다. 구조대원들은 악조건 속에서 자신들의 임무를 끝까지 수행하는 인내력을 보여주었다.

구조된 광부 중 한 사람인 블레인 메이휴는 이렇게 말했다. "우리에겐 강한 의지가 있었습니다. 한 사람이 쓰러지면 나머지 사람들이 함께 그를 일으켜 세웠습니다. 그것이 바로 매몰된 갱 속에서 우리가 살아 돌아올 수 있었던 비결이죠."

팀워크가 성공과 실패를 가른다

팀워크는 비록 생사의 상황은 아니더라도 비즈니스의 성패에 중요한 영향을 미친다. 수많은 재능 있는 직원들이 개별적으로 일하고 있는 회사는 재능 있는 직원들이 함께 일하며 기업의 미션을 알고 있는 회사보다 성공하기 어렵다. 스털링 파이낸셜에서는 전 직원들이 공동의 목표를 위해 일하며 그들은 기업의 미션을 잘 알고 있다.

콜린 파월은 나폴레옹 보나파르트에 대해 말했다. 나폴레옹은 때때로 부하 장병들과 시간을 보내면서, 계급이 가장 낮은 병사에게 부대의 임무를 말해보라고 했다. 그는 부대의 미션이 명확하다면 병사들이 그것을 이해하고 설명할 수 있을 거라고 생각했다. 성공하는 팀은 갱도에 갇힌 광부를 구출하는 일이든 비즈니스에서 최고의 데이터 마이닝 회사가 되는 것이든, 자신들의 미션이 무엇인지 잘 알고 있다. 그리고 팀을 이끄는 리더들인 그룹이 미션에 초점을 맞추도록 해야 한다. 리더들은 팀원들의 욕망을 자극하고 그들의 열정을 불러일으킬 수 있어야 한다.

전 축구 감독이자 현재 윈스턴 컵 레이싱 팀을 맡고 있는 조 깁스는 팀 구축에 대해 많은 것을 알고 있다. 『승리의 레이싱』에서 그는 각자 개성이 다른 사람들에게 동기를 부여할 때 팀을 구축하기가 얼마나 어려운지에 대해 말했다. 그는 어떤 사람들은 칭찬을 통해서 움직이는 반면 또 어떤 사람들은 종종 질책이 필요하다고 한다.

대부분의 사람들은 팀원으로 일할 때 더욱 열심히 한다. 우리는 다른 사람들이 우리에게 의존한다는 것을 알고 있고 그들을 실망시키기를 원하지 않는다. 여러분은 여러분에게 의지하고 있는 사람이 동업자이든 가족이든, 그와 동일한 의무감을 가져야 한다. 그리고 여러분이 고용한 사람들에 대해서도 그와 같은 의무감을 느껴야 한다.

경청하는 태도를 보여라

여러분은 주위 사람들에게 여러분의 꿈을 믿게 해야 할 뿐만 아니라 그 꿈을 자신들의 것으로 여기게 만들어야 한다. 이것은 그들이 의사결정 과정에서 발언권을 갖고 있을 때 일어난다. 동일한 목표를 향해서 하나로 결집된 힘을 모으기 위해 사람들의 의견을 경청하고 존중해주어야 한다.

물론 모든 결정에서 의견 일치를 이루기는 어렵다. 하지만 그럴 경우에도 생각이 다른 사람들의 의견 역시 존중해줘야 한다. 또한 일상적인 업무상의 문제들에 대해 분명한 매듭을 짓는 일도 중요하다. 사람들은 자신들의 제안이 받아들여지는지를 알고 싶어하며, 이에 대해 리더들이 반응을 보이지 않으면 좌절한다. 여러분이 회사에서 새로운 자리를 지원했지만 아무런 답변도 듣지 못했다고 가정해보자. 그런데 그 자리에 자신이 아닌 다른 사람이 앉아 있는 것을 보았다. 하지만 그는 자신이 거부당한 이유를 알 수가 없다. 매듭을 짓는 것은 누구나 쉽게 개발할 수 있는 리더십 특성이며 여기에는 약간의 훈련과 인내가 요구된다. 어떤 결정을 내린 것에 대해 사람들에게 이유를 설명하는 것은 약점의 신호가 아니다. 반대로 그것은 여러분이 합리적인 방법으로 결정을 내린다는 것을 보여주고 여러 대안 중에서 왜 특정한 해결책이 선택되었는지를 사람들이 이해할 수 있게 한다.

자연에서 배우는 리더십 교훈

거위 떼가 소리를 내며 날아가는 모습을 올려다본 적이 있는가? 그리고 거위들이 왜 V자 대형으로 날아가는지 궁금해본 적이 있는가? 혹시 그러한 거위들을 역할 모델로 생각해본 적은 없는가? 「거위로부터 배우는 교훈』의 저자인 밀턴 올슨은 거위들이 이동하면서 보여주는 5가지 행동들에서 리더십의 교훈을 발견할 수 있었다.

1. **첫 번째 행동** _ 앞서가는 거위의 날개짓은 뒤따라 오는 거위들을 위해 '상승 기류'를 만들어낸다. V자 대형으로 무리지어 날아감으로써 거위들은 혼자서 나는 것보다 훨씬 더 힘들이지 않고 빨리 날 수 있다.

   첫 번째 교훈 _ 하나의 목표와 공동체 의식을 지닌 사람들은 서로 밀어주고 끌어주기 때문에 더 쉽고 빠르게 목적지에 도달할 수 있다.

2. **두 번째 행동** _ 대형에서 이탈하자마자 거위는 대형 쪽으로 자신을 끌어당기는 힘을 느낀다. 그리고 바로 앞에서 나는 새가 만들어주는 '상승 기류'를 이용하기 위해 재빨리 대형으로 복귀한다.

   두 번째 교훈 _ 거위와 같은 감각을 갖고 있다면, 우리는 동일한 목표를 향해 가는 사람들의 대형에 계속 남아 있을 것이다.

3. **세 번째 행동** _ 리드하는 거위가 지치면 대형의 뒤로 들어가고 다른 거위가 맨 앞으로 나온다.

   세 번째 교훈 _ 거위들과 같이 힘든 업무를 번갈아 수행하고 리더십을 공유할 때 상호의존 관계가 형성된다.

4. **네 번째 행동** _ 뒤따르는 거위들은 앞서가는 거위들이 속력을 유지할 수 있도록 소리를 내며 격려한다.

네 번째 교훈 _ 우리가 뒤에서 내는 소리는 앞서가는 사람들을 격려하는 것이어야 한다.

5. 다섯 번째 행동 _ 거위가 아프거나 총에 맞아 상처가 난 경우, 두 마리의 거위가 대형에서 벗어나 그 거위를 따라 하강하면서 보호한다. 그리고 그 거위가 다시 날 수 있거나 죽을 때까지 함께 머무른다. 그리고 나서 새로운 대형을 만들어 날아가거나 원래의 무리를 쫓아간다.

다섯 번째 교훈 _ 우리가 거위와 같은 마음을 지니고 있다면, 강할 때뿐만 아니라 힘들 때도 함께 할 것이다.

성공하는 사람들은 주위 사람들이 성공할 수 있도록 용기를 북돋아준다. 그리고 그룹의 목표를 달성하도록 사람들의 열정을 불러일으키는 데 능숙하다. 성공하는 사람들은 다른 사람들이 매일 더 나은 행동을 할 수 있도록 격려한다. 그리고 자신의 꿈과 비전을 사람들이 함께 공유하게 만든다.

그들은 모든 사람들의 의견을 열린 마음으로 진지하게 경청한다. 그럼으로써 자유로운 아이디어들이 쏟아져 나오게 한다. 또한 사람들에게 성과에 따른 합당한 보상을 해줌으로써 동기를 부여한다.

성공하는 사람들은 강한 팀을 만드는 방법을 알고 있다. 그들은 주위에 훌륭한 사람이 있다면 지금보다 두 배는 더 잘할 수 있다고 생각한다. 최고의 팀 플레이어는 긍정적이고 창조적이며 뛰어난 대인 기술을 갖고 있는 사람이다. 조직 내의 파벌은 팀이 아니며 단합을 손상시킬 뿐이다. 단합된 팀의 위력을 알고 싶다면, 하늘을 나는 거위 떼를 올려다보라. 거위들이 왜 대형을 지어 날아가는지 생각해보면서 리더십과 팀워크에 대한 자연의 귀중한 교훈을 배워라.

06

성공전략 4 _절대 포기하지 마라

재능도 인내를 대신할 수 없다

마지막 성공전략은 절대 포기하지 않는 것이다. 행동에 옮기는 것도 물론 중요하지만 인내와 결의는 여러분이 직면한 도전과 장애를 극복하는 데 반드시 필요하다. 거절이 수락으로 가는 길 위에 놓인 돌부리라면, '아니오'라는 말은 '예'로 가는 길 위의 작은 장애물에 불과하다.

　20세기 초, 세계에서 가장 위대한 탐험을 이뤄내겠다는 사람 한 명과 그의 대원들의 목표는 인류의 가장 위대한 생존 이야기로 탈바꿈했다. 영화 「섀클턴 : 인듀어런스 호 이야기」에서는 어니스트 섀클턴에 관한 흥미로운 이야기를 들려준다. 그는 1914년에 실패로 끝난 남극 원정대의 귀환을 안전하게 인솔한 인물이었다. 이전의 탐험에서도 남극점까지는 도달했지만 단순히 그곳을 돌아서 다시 똑같은 루트로 돌아왔었다. 하지만 섀클턴의 목표는 남극점에 도달한 다음 대륙을 계속 횡단하는 것이었다.

섀클턴은 남극 탐험에 동행할 대원들을 모집하는 광고를 냈다. 자신들 앞에 위험이 도사리고 있는 줄 알면서도 5000명이나 되는 사람들이 지원을 했다. 1914년에 최종 선발된 27명의 대원들과 함께 섀클턴은 남극 탐험이라는 위대한 모험에 나섰다. 모험은 비록 실패로 끝났지만 살아남기 위한 그들의 투쟁은 오늘날까지 인내의 중요성을 일깨우는 전설로 남아 있다.

섀클턴이 님로드 원정이라고 불렀던 이야기는 실제로는 1907년에 시작되었다. 섀클턴과 그의 대원들은 2년 동안 눈 속을 걷거나 썰매를 끌며 700마일 이상을 이동했다. 하지만 그들은 목표 지점을 눈앞에 두고 되돌아올 수밖에 없었다. 더 이상 전진한다는 것은 곧 죽음을 의미했기 때문이다.

그러나 섀클턴은 포기하지 않았다. 그는 잠시 휴식을 취하면서 원정대를 재결성하여 1914년에 임페리얼 남극 횡단 원정을 목표로 27명의 대원들과 함께 인듀어런스 호에 올랐다. 배는 조지아의 작은 섬에서 출발하여 남극해를 향해 떠났다. 그로부터 2년이 지나도록 섀클턴과 대원들의 소식을 듣지 못했다. 그래서 사람들은 그들이 모두 죽었을 거라고 생각했다. 하지만 그들은 남극점을 97마일 남겨두고 유빙군에 갇혀 있었다.

빙하에 갇혀 살아남기 위해 고군분투하는 와중에도 대원들은 남극 대륙을 횡단하겠다는 희망을 버리지 않았다. 그들이 신조로 삼은 슬로건은 "인내하여 정복하자"였다.

유빙에 갇힌 지 11개월째에 배는 끝내 난파되었다. 생명체 하나 없는 불모의 유빙 위에서 1년 6개월을 버티다가 섀클턴과 5명의 선발대원들은 작은 배를 타고 얼음을 깨며 앞으로 나아갔고, 마침내 남부 조지아 섬에 극적으로 상륙할 수 있었다. 섀클턴은 다른 대원들을 구조하기 위해 나섰고 네 차례의 시도 끝에 유빙을 깨뜨리고 나아갈 수 있었다. 그는 여기서 그치지 않고 대륙 반대편에 있는 나머지 대원들도 구조함으로써 전 대원들이 무사히 살아 돌아올 수 있었다.

섀클턴과 그의 대원들이 겪었던 고난과 비교해볼 때, 우리가 목표를 달성하기 위해 견뎌내야 하는 고난은 아주 미미하다. 나는 어떤 목표라도 인내를 통해 성취할 수 있다고 믿는다. 캘빈 쿨리지는 이렇게 말했다. "이 세상에서 인내를 대신할 만한 것은 아무것도 없다." 재능도 인내를 대신할 수 없다.

실패도 링컨을 막지는 못했다

에이브러햄 링컨은 미국의 가장 위대한 대통령 중 한 명이다. 하지만 그가 성공으로 가는 길은 수많은 장애물의 연속이었다. 1831년 사업에 실패한 링컨은 이듬해 입법의원 선거에도 패배했다. 그 이듬해에는 또다시 사업에 실패하였고 1836년에는 신경쇠약으로 고생했다. 링컨은 1843년과 1848년 하원의원 선거에서 낙선하였으며 상원의원과 부통령 선거에서도 고배를 마셨다. 1860년 대통령에 당선된 후에도 링컨은 더 많은 역경에 부닥쳤다. 국가는 분열되고 남북전쟁이 일어났던 것이다.

제임스 카빌과 폴 베갈라는 자신들의 책에서, 링컨이 처음에는 최고군사령관으로서도 그다지 뛰어나지 않았다고 지적한다. 링컨은 마나사스, 빅 베델, 크로스 레인, 블러프 멕도웰, 프런트 로열, 윈체스터, 크로스 키즈, 포트 리퍼블릭, 프레데릭스 버그의 첫 번째 전투에서 모두 패했다. 또한 링컨은 재직 중에 아들을 잃었으며 그의 아내는 고가의 침대를 구입하는 바람에 사치가 심하다고 공격받았다.

빌 클린턴 대통령의 선거 캠페인에 참여하기 이전까지 카빌과 베갈라도 그다지 성공적인 정치 고문은 아니었다. 카빌이 지지하는 후보는 루이지애나에서 패배했고 버지니아 주 상원의원 후보도 고배를 마셨다. 그리고 두 사람이 텍사스에서 한 팀으로 일했을 때, 그들이 지원한 후보는 텍사스 역사상 최악의 참패를 당했다.

스톡데일 제독은 로스 페로의 러닝 메이트가 된 것에 대해 사람들로부터 조롱을 받았지만 용기를 잃지 않았다. 그는 실패에 대처하기 위해서는 정서적 안정감을 유지하는 것이 중요하다고 말했다. 실패가 여러분을 마비시키도록 방관해서는 안 되며, 다른 사람에게 비난의 화살을 돌리거나 실패를 합리화해서도 안 된다. 스톡데일 제독은 실패를 극복해낸 링컨과 같은 과거의 인물들을 생각함으로써 실패를 보다 장기적인 안목에서 바라보는 여유를 길렀다.

나는 실패의 개념을 인정하지 않는다. 그러나 그것을 통해 교훈을 배우지 못한다면 그것이야말로 유일한 실패라고 생각한다. 나 자신도 수많은 실패를 경험했지만 마침내 목표를 달성했고, 그 과정에서 가치 있는 무엇인가를 발견할 수 있었다.

온갖 어려움 속에서도 꿈을 포기하지 않는 사람들이 결국에는 승리한다. 이는 놀라운 성공을 거둔 대부분의 사람들에게서 발견할 수 있는 공통된 특징이다.

훌륭한 아이디어와 계획 그리고 실행력만으로 장기간의 노력이 요구되는 위대한 성공을 성취하기는 어렵다. 진로를 가로막는 무수한 장애물을 이겨낼 수 있는 정신적인 강인함이야말로 성공의 궁극적 관건이다. 결국 인내력이 강한 사람이 승리하게 마련이며, 성공은 절대로 포기하지 않는 사람들의 몫이다. 그들은 어떤 상황에서도 자신에 대한 믿음을 잃지 않으며 성공하리라는 확신을 굽히지 않는다.

인내는 그 무엇이든 끝까지 수행하는 것을 의미한다. 인내는 역경에 부닥쳤을 때 슬기롭게 헤쳐 나오는 것을 의미한다. 또한 어떤 도전에 직면했을 때 그 대안을 찾기 위해 자신의 모든 자원과 창조적 에너지를 사용하는 것을 의미한다. 강한 인내력을 가진 사람에게 '안돼' 와 '절대로' 라는 단어는 아무런 의미가 없다. 그들에게 '불가능해' 와 '미친 짓이야' 라는 말은 이전에 아무도 시도해본 적이 없다는 것을 의미할 뿐이다.

자신을 낮추어 상대의 마음을 사라

성공하는 사람들은 자신이 다른 사람보다 더 나은 존재라고 생각하지 않는다. 그들은 자신의 도움을 필요로 하는 어떤 일이라도 기꺼이 하려고 한다. 공군사관학교 경비원인 빌 크로포드도 힘든 일을 마다하지 않는 사람의 전형적인 예이다. 한 생도가 그의 전투 기록을 우연히 발견하기 전까지는 아무도 그가 명예훈장을 받았다는 사실을 알지 못했다. 그는 명예훈장 수상자이면서도 기꺼이 화장실과 바닥 청소를 하는 사람이었다.

일부 CEO들은 혼자서 고고한 체하며 심지어는 사무실에 개인 화장실까지 갖추어 놓고 있다. 직원들은 말만 앞세울 뿐 행동이 따르지 않는 CEO를 금방 알아본다. 그러한 CEO는 부하들을 전투에 내보내기만

하고 전장에서 직원들을 이끌지 않는다는 것을 알고 있다.

허브 켈러허는 항공기 조종사이든 이동트랙 기사이든, 직원들이 자신의 업무를 완수하기 위해 최선을 다하는 기업문화를 창조해냄으로써 사우스웨스트 항공을 존경받는 회사로 탈바꿈시켰다. 켈러허는 심야 근무자들이 직장 야유회나 바비큐 파티에 참석할 수 없다는 불만을 제기하자 그들을 위해 한밤중에 별도의 이벤트를 열어주었고, 자신도 기꺼이 참석하여 함께 어울렸다.

인기 TV 시리즈물인 「밑바닥으로 내려가기」는 CEO가 일주일 동안 하위직 직원들의 업무를 직접 체험해보는 내용이다.

카니발 크루즈 라인즈의 사장인 밥 디킨슨은 뜨거운 태양이 내리쬐는 갑판 위에서 음료를 서빙하고 객실 청소를 하고 승객들을 위한 쇼에 출연하기도 했다. 그는 한 가지 업무를 늦게 수행해서 질책을 받기도 했다. 디킨슨은 일주일 동안의 체험을 통해 직원들이 수행하는 업무들이 얼마나 힘든지를 몸소 깨달았다. 이후로 그는 집무실 밖에서 더 많은 시간을 보내면서 리더로서의 시야를 넓히고 있으며, 무엇보다도 직원들에 대한 존경과 감사의 마음을 갖게 되었다.

비록 훌륭한 CEO라 할지라도 모든 업무에서 뛰어나기는 어렵다. 그런 점에서 현장 경험은 CEO로 하여금 직원들이 수행하고 있는 업무들이 회사의 성공을 위해 얼마나 중요하며, 또 직원들이 얼마나 힘들게 일하고 있는지를 깨닫게 해준다.

성공하는 사람들은 자신이 다른 사람들보다 별로 나을 것이 없다고 생각한다. 그들은 편하고 그럴듯해 보이는 자리만 찾지 않는다. 그들은 자신이 해야 할 일이라면 무슨 일이든 할 자세가 되어 있다.

훌륭한 경영자의 특징 중 하나는 현장 직원들과 함께 많은 시간을 보내는 것이다. 직원들과 함께 일해보는 것은 직원들에게 큰 격려가 될 뿐만 아니라 그가 어떤 결정을 내릴 때 직원들의 관심사를 충분히 고려할 것이라는 믿음을 갖게 한다.

현장을 중시하는 경영자는 직원들이 무슨 일을 하고 있으며 어떻게 일이 진행되는지를 알고 있다. 그리고 다양한 업무를 직접 경험해보고 새로운 아이디어나 혁신적인 방법을 생각해내기도 한다. 이러한 경영자들은 직원들의 헌신을 이끌어냄으로써 더 높은 성과를 창출한다.

자신을 돌아보는 시간을 가져라

유명인사인 빌 베닛이 마약 담당 총책임자로 임명되자 그는 자신의 임무에 충실하기 위해 워싱턴 사교무대와 거리를 두었다. 그러나 모든 것이 그의 뜻대로 되지는 않았다. 그는 미식축구만큼은 그만두지 못했다. 백악관 연구원으로서 베닛과 첫 인터뷰를 했을 때, 그는 내가 미식축구를 잘하는지부터 물어볼 정도로 미식축구에 열광적이었다. 베닛은 인생을 스포츠에 비유하곤 했는데 승리하든 패배하든 언젠가 또다시 기회가 찾아올 것이라고 믿었다.

스포츠 활동은 내 인생에서 언제나 큰 비중을 차지하고 있다. 파나마에서 자랄 때 나는 승마를 즐겼고, 공군사관학교에 들어가서는 스쿠버다이빙에 푹 빠지기도 했다. 미식축구가 베닛을 업무에서 잠시 벗어나게 해주듯이 서핑은 내게 새로운 에너지를 충전시켜준다. 나는 또한 오토바이 타는 것을 즐기는데 주로 시골길이나 해안가를 따라서 전속력으로 달릴 때의 짜릿함은 무엇과도 바꿀 수 없다.

삶의 균형을 유지하라

성공을 성취하는 데 있어 일과 놀이 그리고 가족 간에 균형을 유지하는 것이 중요하다. 조지 부시 전 대통령은 일과 가족에 대한 자신의 생각을 다음과 같이 밝혔다. "이제 정계를 떠났으니 솔직하게 말하지요. 지금까지 내가 얻은 가장 값진 타이틀은 남편, 아버지, 할아버지, 이 세 가지입니다."

우리는 자신이 좋아하는 일을 하고, 함께 일하고 싶은 사람들과 어울릴 수 있게 되기를 희망한다. 설령 돈을 많이 벌 수 있다고 해도 싫어하는 일을 하는 것은 가치가 없다. 일을 좋아하더라도 가족이나 친구들과 함께 휴식을 취하거나 취미활동을 즐겨야 한다. 여러분은 일에서 잠시 벗어날 필요가 있다.

콜린 파월 역시 그렇게 믿고 있다. 그는 직원들에게 성실한 업무 수행을 부탁하면서도 '재미'를 잃지 말라는 충고를 빠뜨리지 않는다. 국무부 직원들을 대상으로 한 첫 연설에서, 그는 각자의 일을 마치면 가족이 있는 집으로 돌아가라고 말했다.

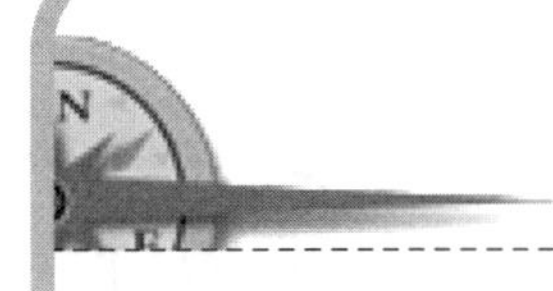

간혹 성공한 사람들 중에는 일밖에 모르는 사람들이 있다. 하지만 진정으로 성공한 사람들은 삶의 균형을 유지할 줄 안다. 잠시 일에서 벗어나 가족이나 친구들과 시간을 보내거나 스포츠나 취미활동을 즐겨보자. 이것은 정신과 신체 모두를 건강하게 할 뿐만 아니라 일에도 새로운 활력을 불어넣는다.

일단 사무실에서 벗어나는 것이 중요하다. 한 발짝 뒤로 물러서면 가까이에선 볼 수 없었던 많은 것들을 볼 수 있다. 여러분이 A형의 성격을 가진 사람이라 할지라도 잠시 쉴 필요가 있다. 휴식은 머리를 맑게 하고 창조적으로 생각할 여유를 준다.

삶의 균형을 유지하는 것은 또한 정신쇠약을 예방하는 효과도 있다. 힘든 시기엔 더욱 그러하다. 가족과 야외로 나가보라. 인생에서 사랑하는 사람들과 함께 시간을 보내는 것만큼 소중한 것은 없다.

성공은 언제나 역경 너머에 있다

브리 워커는 수년 동안 남부 캘리포니아 지역의 앵커우먼으로 활동하였으며 NBC와 HBO의 아나운서인 짐 램플리와 결혼했다. 슬하에 두 자녀를 둔 워커와 램플리 부부는 현재 유타 주에서 프로덕션 회사를 운영하고 있다. 워커는 말을 타고 장애물 넘는 것을 즐기는데, 그녀는 태어날 때부터 손과 발이 기형이었다. 말을 타기 위해서 워커는 자신이 직접 고안한 고삐와 안장을 사용한다. 그녀는 신체적 장애에도 불구하고 앵커우먼으로서 성공을 거두었을 뿐만 아니라 장애인의 옹호자로서 그들이 미디어 분야에서 일할 수 있도록 적극적으로 돕고 있다.

역경은 다양한 형태로 우리를 찾아온다. 그러한 역경들을 이겨내기 위해서는 강인한 정신력과 재활력이 필요하다. 영화배우 톰 크루즈가

오디션을 보러 처음 할리우드에 왔을 때 심사의원들은 그를 퇴짜놓으며 이렇게 말했다. "자네는 그다지 잘생긴 얼굴이 아니야. 이왕 왔으니 선탠이나 즐기다 가게." 하지만 톰 크루즈는 슈퍼스타가 됨으로써 그 심사위원들이 실수했다는 것을 증명해 보였다.

우리는 종종 성공한 사람들을 보지만 그들이 성공에 이르는 과정에서 수많은 역경에 부딪혔다는 사실을 간과한다. 영화배우 멜 깁슨의 어린 시절도 순탄하지만은 않았다. 가난한 철도원이었던 아버지가 근무 중에 부상을 입어 가족들은 국가 보조금에 의존하여 생활해야만 했다. 멜 깁슨은 앞날에 대한 비전도 없이 가게 종업원이나 서핑 보드에 왁스칠을 하는 등 허드렛일을 하며 하루하루를 보냈다. 어느 날 누나가 그를 대신하여 영화 학교에 지원서를 냈을 때, 그는 마침내 자신의 열정을 발견할 수 있었다.

대부분의 성공한 사람들은 악전고투 끝에 성공을 이루어냈다. 그들이 성공에 이르는 길은 결코 순탄하지 않았다. 다이애너 크랄은 2002년도 그래미상을 수상한 재즈 뮤지션이다. 그녀의 노래가 재즈 앨범 차트에서 상위에 올랐을 때, 사람들은 그녀가 하루 아침에 성공했다고 생각했다. 그러나 사람들은 크랄의 나이가 37세이고 15년 동안 뮤지션으로 활동했다는 사실은 알지 못한다. 크랄은 28세 때까지 앨범 한 장 내지 못했으며 30대에 들어서도 여전히 인기가 없었다.

역경 끝에 성공을 거둔 크랄과 같은 사람이 있는가 하면, 여전히 성공과는 거리가 먼 뮤지션들도 많다. 이들은 쇼 비즈니스 분야에서 절대로 성공하지 못할 것이라는 혹평을 듣기 일쑤다. 거절당하는 것도 삶의 한 방법이다. 그러나 성공하는 사람들은 시련을 극복하는 방법을 찾아낼 줄 안다.

역경은 인간을 강하게 단련시킨다

작가인 폴 스톨츠는 역경이 최고의 스승이라고 믿는 사람이다. 스톨츠는 역경에 대처하는 능력을 측정하는 수단으로서 역경지수(AQ)를 만들었다. 역경은 사람을 모질고 강하게 단련시키며 단호한 결심을 하도록 만든다. 우리는 그러한 역경을 통해서 성공에 대한 욕망을 더욱 강화시킬 수 있다.

대형 금융회사의 회장인 찰스 슈왑과 버진 항공사의 설립자인 리처드 브랜슨은 난독증이란 장애를 이겨내고 기업가로 크게 성공했다. 수많은 기업가, CEO, 비즈니스 리더, 작가, 연기자, 과학자, 발명가들 역시 난독증이나 또 다른 학습장애에도 불구하고 성공을 거두었다. 앨버트 아인슈타인도 난독증세가 있었다고 주장하는 학자도 있다.

아인슈타인은 세 살 때까지 말을 못했으며 아홉 살이 되도록 구두 끈도 매지 못했다고 한다. 동네 사람들은 이런 그를 보며 수근댔고 선생님조차 그에게 그다지 호의적이지 않았다. 그럼에도 불구하고 현재 아인슈타인은 가장 명석한 사람들 중 한 명으로 인정받고 있다.

여러분이 역경에 처했을 때 성공에 이르는 길은 더욱 험난하다. 그렇다고 해서 그 길을 통과할 수 없는 것은 아니다. 비록 능력의 한계는 있을지언정 여러분에게는 확실한 강점이 있다. 여러분이 가는 길에 어떤 험한 가시밭길이 놓여 있더라도, 강점에 초점을 맞추고 열정을 추구하기 위해서는 그 역경을 뛰어넘어야만 한다.

누군가 이런 말을 했다. "우리를 죽이지만 않는다면 그것이 무엇이든 우리를 강하게 만들어줄 것이다." 삶의 매 순간은 자신을 시험하는 도전으로 가득 차 있다. 이것은 타고난 신체적 장애일 수도 있고 오랫동안 견뎌온 고난일 수도 있다. 역경은 도전의 또 다른 표현이며 성공에 이르기 위해서는 역경에 당당히 맞서야만 한다.

많은 성공한 사람들은 절망과 낙담의 장벽에 부닥친 순간에 성공을 향한 여정의 첫 걸음을 떼어놓았다. 그들은 자신들의 앞길이 가로막혔을 때도 인생이 불공평하다고 불평하지 않았다. 그들은 두려움을 극복하고 모든 불리한 요소에도 불구하고 끝내 성공을 쟁취했다.

역경 앞에서 주저앉고 마는 것은 문제에 대한 해결책을 찾지 못했음을 시인하는 것이다. 사람들은 각자 이겨내야 할 수많은 역경들이 있다. 가족이나 가까운 사람과 함께 한다면 힘든 시기를 잘 견뎌낼 수 있을 것이다. 하나의 역경을 극복해낸 뒤엔 그에 대한 교훈을 글로 써보고 나중에 같은 문제가 다시 일어난다면 어떻게 대처할 것인지 생각해보라.

나를 믿으면 무엇이든 할 수 있다

내가 공군사관학교를 선택한 것은 아버지로부터 독립하기 위해서였다. 공군사관학교에 들어가면 장학금을 받을 수 있어서 아버지에게 도움을 요청하지 않아도 되었다. 또한 미국에서 가장 다니기 힘든 학교에서 성공하겠다는 도전의식도 그러한 선택에 영향을 미쳤다.

추천서를 받는 것은 공군사관학교에 지원하기 위한 필수 절차였다. 나는 교장 선생님에게 추천서를 부탁했으나 내가 ROTC 소속이 아니라서 그럴 수 없다는 말을 들었다. 교장 선생님은, 내게 추천서를 써주면 자격을 갖춘 누군가의 자리를 빼앗게 되는 셈이라는 거였다.

나는 추천서를 받기 위해 ROTC에 들어갔다. 나는 ROTC 복장을 하고 다른 생도들과 함께 단체 행동을 했다. 처음에는 생도 복장을 하고 친구들 앞에 나서는 것이 부끄러웠다. 그런데 언제부터인지 ROTC가 마음에 들기 시작했고 그 일이 적성이 맞는다는 사실을 알게 되었다. 그 이후 나는 누구보다 잘 해내겠다는 도전정신으로 충만해졌다. 그리고 2년간의 ROTC 과정을 마친 후에 교장 선생님에게서 추천장을 받을 수 있었다.

고등학교 ROTC와 공군사관학교를 거치면서 나는 리더십과 명예에 대하여 많은 것을 배웠다. 그리고 나는 스스로의 선택을 매우 자랑스럽게 생각했다. 비록 아버지에게 내 능력을 증명해 보이기 위해 공군사관학교에 들어가긴 했지만, 어느 순간부터인가 나는 나 자신의 열정을 추구하고 있었다.

아버지는 내가 공군사관학교에 입학한 것을 그리 탐탁해 하지 않으셨다. 하지만 규율과 명예, 성실성 같은 자질을 기를 수 있다는 점에 대해서는 좋게 생각하셨다. 사실, 그런 자질을 기를 수 있는 곳으로는 공군사관학교가 최고이다.

수년 후 아버지는 군대에 들어간 나의 결정을 칭찬하셨다. 우리 가족은 백악관 연구원을 위한 행사에 초대되어 레이건 대통령을 만나기도 했는데, 평소 미국 정부와 미국 역사에 관심이 많았던 아버지는 나 못지않게 흥분되어 있었다. 그날 아버지는 내가 공군사관학교에 들어가서 군에 입대하지 않았더라면 백악관 연구원이 되지 못했을 것임을 알았다.

나는 성공과 좌절을 겪으면서도 항상 나 자신을 믿어왔다. 내가 좀더 쉬운 길을 갈 수도 있었을까? 물론 그렇다. 아버지의 반대를 무릅쓰고 공군사관학교에 들어가기 위해서 나는 힘들게 노력해야만 했을까? 나는 내가 이 목표를 달성할 것이라고 완전히 믿었는가? 물론이다. 나 자신에 대한 믿음과 성공에 대한 불타는 욕망 없이도 여기까지 올 수 있었을까? 절대로 아니다.

신념을 지키면
보상이 따른다

배우이자 시나리오 작가인 니아 바르달로스는 할리우드 최고의 미인은 아니지만 신념이 강한 여성이다. 바르달로스는 「나의 그리스식 웨딩」이라는 시나리오를 썼으며 영화배우로도 인기가 있었다. 만일 그녀가 자신의 운명을 다른 사람의 손에 맡겨놓았더라면 그런 일은 절대로 일어나지 않았을 것이다. 바르달로스는 자신이 그 영화에 출연할 수 없다면 대본을 팔지 않겠다고 했다. 그녀는 배우로서의 자신의 역량을 믿었기 때문에 잠깐 동안 횡재를 잃는 위험을 기꺼이 감수하고자 했다. 그리하여 그녀는 보다 장기적인 목표를 달성할 수 있었다.

스털링 파이낸셜도 바르달로스와 같은 신념을 고수하고 있다. 우리는 엄청난 압력에 맞서 매도 추천을 할 수 있는 용기를 가진 몇 안 되는 투자은행 중 한 곳이다. 기업 입장에서는 항상 좋은 뉴스만 보고하기를 기대한다. 하지만 우리는 조사 내용이 좋든 나쁘든 관계없이, 정확히 보고서를 작성한다. 스털링 파이낸셜의 정확하고 공정한 리서치 평판 때문에 우리의 부정적인 보고서는 종종 해당 기업의 주가 하락을 초래하기도 했다. 사실상, 이로 인해 스털링 파이낸셜은 월스트리트에서 가장 인기 있는 회사가 되지 못하고 있다.

　성공은 다른 사람의 꿈이 아닌 바로 자신의 열정을 추구하는 것이다. 부모님은 여러분이 안전하고 전통적인 성공의 길을 선택하기를 바랄지도 모른다. 하지만 부모님의 바람은 여러분의 생각과 맞지 않을 수 있다. 성공을 성취하고자 한다면 무엇보다 자신의 열정에 귀를 기울여야 한다.

　아무리 열심히 일한다 해도 자신이 싫어하는 분야에서 성공하기란 거의 불가능하다. 자신의 열정과 강점을 찾아서 그것이 여러분을 성공의 길로 안내하게 하라. 성공의 기준은 돈이 아니다. 성공은 인생의 소명을 찾는 것이며 경제적인 이익에 관계없이 그것을 추구하는 것이다.

마지막 멘토링

로널드 레이건의 인생철학은 단순하지만 매우 감동적이었다. 레이건의 전기 작가인 에드먼드 모리스에 따르면, 그는 다음과 같은 단순한 진리를 믿었다고 한다. 기도하면 응답을 들을 수 있다, 보통 사람은 현명하다, 사랑하는 여인과 함께 하는 삶이 천국에 가장 가까운 것이다.

여러분을 인도하는 일상의 원칙은 무엇인가? 그 내용을 글로 적어보고 부정적인지 긍정적인지를 확인해보라. 자신이 지쳐 있거나 혹은 냉소적인지 알아보기 위해 자신의 내면을 들여다보라. 세상은 좋은 곳이라고 생각하는가, 아니면 나쁜 곳이라고 생각하는가? 삶이 행복한 일들로 가득 차 있는가, 아니면 불쾌한 경험들뿐인가?

여러분의 삶의 원칙은 우리가 논의했던 성공믿음과 어떻게 비교할 수 있는가? 여러분은 성공에 대한 열정이 있는가? 로완 중위처럼 진취적인 기상을 갖고 있는가? 만나는 모든 사람들을 존경하는 마음으로 대하고 그들로부터 배우려고 노력하는가? 명예와 성실은 여러분에게 중요한 의미를 갖는가? 실수를 통해 교훈을 얻고 있는가? 지역사회를 위해 무슨 일을 하고 있는가?

삶에 대한 기존의 접근 방식이 여러분을 불행하고 성공적이지 못하게 했다면, 다시 새롭게 시작해야 할 시간이다. 삶이 무의미하다고 느낀다면 오늘부터라도 의미 있는 삶을 만들 수 있도록 실질적인 무엇인가를 시작하라.

인생철학을 개발하라

비즈니스 플랜처럼 인생 계획도 항상 재평가되어야 한다. 우리가 A지점에 있다면 B지점으로 어떻게 갈 수 있는지에 대해서 항상 자신에게 물어보아야 한다. 여러분이 현재 정체 상태에 있다면 멘토가 도움을 줄 수 있다. 자신을 도와줄 정신적 스승이 없다면 A지점에서 B지점으로 갈 수 있는 전략을 세워보라. 그리고 여러분이 현재 추구하고 있는 성공을 이미 달성한 사람들이 쓴 책을 읽어보라. 그리고 A지점에서 B지점으로 이동하기 위한 구체적인 계획을 세워라.

자신의 계획대로 할 시간이 없다고 생각한다면, 여러분은 잘못 생각하고 있는 것이다. 여러분이 단지 하루에 한 시간씩 컴퓨터를 이용하거나 TV를 시청하는 데 '낭비하고' 있다 할지라도, 한 달이면 약 30시간이나 된다. 지금이라도 여러분은 그 시간을 자신의 꿈을 추구하는 데

바칠 수 있다 .

금융 전문가들은 하루 또는 한 주 동안에 어느 정도 시간을 허비하고 있는지 조사해보라고 조언한다. 만일 목표를 달성하는 데 그 낭비된 시간을 사용한다면, 여러분은 성공으로 가는 지름길에 들어선 것과 같다.

기량이 뛰어난 마라톤 선수처럼 여러분은 인생의 긴 여정에서 자신의 페이스를 조절하는 방법을 배워야 하며, 결승점이 시야에 들어왔을 때 막판 스퍼트를 낼 수 있도록 힘을 아껴두어야 한다. 여정의 마지막 단계에 도달하기도 전에 너무 많은 에너지를 소진할 경우, 여러분은 목표에 도달하지 못할 수도 있다.

성공은 어떻게 측정하는가

여러분에게 성공이란 어떤 의미인가? 다행히도 성공은 돈만을 의미하지 않는다. 영화 「월스트리트」에서 마틴 쉰은 마이클 더글러스가 자신의 회사를 인수하려는 의도가 무엇인지에 대해 아들인 찰리 쉰과 의논하는 장면이 나오는데, 이때 아버지는 아들에게 이렇게 말한다. "이 아비는 지갑 크기로 한 인간의 성공을 측정하진 않았단다." 그렇다면 여러분은 어떻게 성공을 측정하는가? 가족을 부양하고 아이들을 훌륭하게 키우는 것이 성공인가? 여러분을 아끼고 신뢰하는 사람들이 주위에 있는가? 여러분은 그들에게서 어떤 만족감을 얻는가? 자신이 어떤 사람으로 기억되기를 원하는지 스스로에게 물어보라. 또 여러분 자신의 강점은 무엇인지 적어보라.

랄프 왈도 에머슨은 성공을 이렇게 정의했다. "많이 웃기, 지적인 사람들로부터 존경받기, 아이들로부터 사랑받기, 정직한 비평가들로부터 올바른 평가받기, 친구의 배신 견뎌내기, 아름다운 것 감상하기, 다른 사람의 장점 발견하기, 아이를 건강하게 키우기, 작은 정원을 가꾸어 세상을 좀더 나은 곳으로 만들기, 나로 인해 한 사람의 삶이라도 더 행복해지도록 하기."

조지 부시 전 대통령은 취임 연설에서 이렇게 말했다. "우리는 자신이 소유한 것들을 합해놓은 존재가 아닙니다. 그것들은 우리 삶을 측정하는 기준도 아닙니다. 우리는 무엇이 중요한지 알고 있습니다. 우리는 아이들에게 고급 자동차나 많은 은행 잔고를 물려주기보다는 진실한 친구와 자애로운 부모, 그리고 가정, 이웃, 마을을 더 좋게 만드는 시민의식을 길러주어야 합니다."

올바른 인생철학이 있으면 성공할 수 있다

- 이 책이 다른 사람들의 성공에 도움이 될 것이라고 믿지 않았다면 결코 이 책을 쓰지 못했을 것이다. 노력한 만큼 성공을 거두게 마련이다. 열심히 일하고 배우면서 기꺼이 변화하려고 노력한다면, 여러분은 성공할 수 있다.
- 나의 인생철학은 훌륭한 사람들이 언제나 승리한다는 것이다. 성실이나 명예 같은 가치를 중시한다면 여러분은 언제나 앞서 나갈 수 있을 것이다.
- 어떤 일이 일어나는 데는 그만한 이유가 있으며 우연이란 없다. 모

든 사람들이 여러분에게 어떤 것이든 가르쳐줄 수 있다고 가정하면, 의미 없는 만남이란 없다. 왜냐하면 여러분은 만나는 각각의 사람으로부터 배울 수 있기 때문이다.

- 어떤 분야이든 간에 열정을 추구하면 행복해질 수 있다. 여러분이 흥미를 느끼는 분야에서 이미 인정을 받은 멘토를 찾아서 세세한 부분까지 그들의 조언을 따름으로써 더 효과적으로 열정을 추구할 수 있다.
- '성공 나침반'을 이용하여 여러분의 꿈을 기록한 다음 그 내용을 휴대하고 다니거나 이메일을 통해 정기적으로 받아보라. 그 꿈을 자주 되뇌면서 여러분이 성취하려는 목표에 초점을 맞춰라. 그리고 목표를 향해서 앞으로 나아가고 있는지 매일매일 확인하라.
- 실패라는 단어를 여러분의 사전에서 완전히 삭제하라. 여러분이 저지른 모든 실수로부터 배우고, 그것을 토대로 다시 시도하라.
- 비즈니스적인 측면이나 개인적인 측면 모두에서 탁월함을 추구해야 한다. 그리고 보다 나은 인간이 되기 위해 하루하루 의식적으로 노력해야 한다.
- 공공 봉사는 우리 모두에게 주어진 책임이며, 우리는 현재 살고 있는 지역사회에 봉사할 의무가 있다.
- 우리는 더 많은 것들을 성취하고자 하는 열망을 갖고 있다. 열망이 있다면 꿈을 성취할 수 있을 것이다. 열망이 없는 사람은 자신의 마음에 불을 댕겨줄 도화선을 찾아야 한다.

여러분이 후세에 남기고 싶은 유산은 무엇인가? 그것이 단지 돈이나 물질적인 것이라면 그다지 귀중한 유산이 되지 못할 것이다. 자신만의 햇불을 높이 쳐들고 앞을 향해 나아가라. 기회로 가득 찬 밝은 미래를 향하여 전진하라.

1. 프로그램의 특징

| 구조화된 프로그램 | Wharton 경영대학원 교수들이 설립한 SMG의 Development 21 프로그램을 우리 현실에 맞게 재구성 |

| 자기 주도 | 자기 자신 및 환경에 대한 이해를 바탕으로 변화와 자기혁신을 유도 |

| 경쟁력 제고 | 셀프 리더십과 경력개발을 연계하여 지속적인 자기혁신 및 경쟁력 제고를 가능케 함 |

| 참여와 흥미 | 진단/게임/실습/비디오/토의 등 참여적 학습 방법을 적용하여 학습자가 프로그램에 자연스럽게 몰입할 수 있도록 함 |

| 지속적 성장 지원 | 성장지원 그룹을 구성하여 1년간 상호 피드백 및 지원 활동 유도 |

2. 교육 후 기대효과

- 객관적인 자기이해를 바탕으로 셀프 리더십 역량개발에 대한 강한 내적 동기유발
- 자기 주도성(Self-empowerment)의 원리 이해
- 분야별 탁월한 셀프 리더들을 통해 가치 창조형 인간의 성공 노하우 습득
- 일과 직업에 대한 새로운 가치 부여 및 개인 브랜드 전략 수립
- 개인의 경력개발 청사진에 근거한 역량개발 계획표 작성
- 개인의 셀프 리더십 강화를 통해 조직 경쟁력에 기여

3. 주요 학습내용 및 운영 프로세스

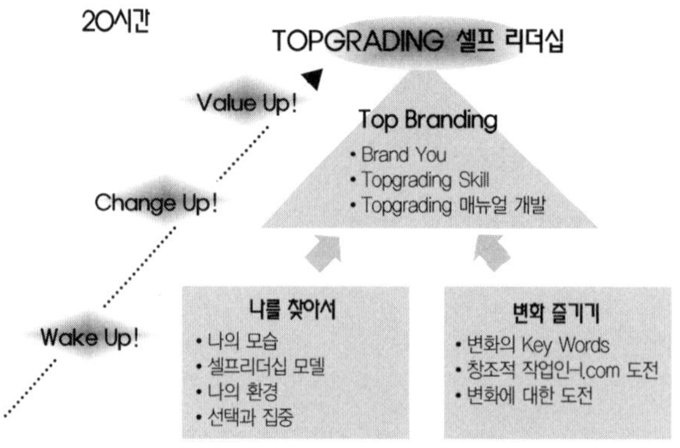

1. 프로그램의 특징

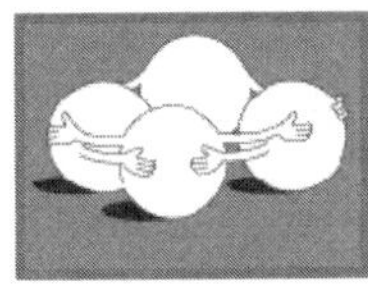

IOU

- 조직개발의 본산인 NTL 프로그램을 도입해 국내 여건에 맞게 설계
- 감수성 훈련기법을 적용해 참석자의 자연스런 의식 및 행동변화 유도
- 음악, 그림, 춤, 게임, 진단, 실습 등 참여적인 학습 방법 적용
- 개인과 조직에 대한 성찰 및 통합, 자신의 중요성에 대한 확인
- 자발적인 혁신을 실천하도록 유도

2. 교육 후 기대효과

- 자신의 재발견 과정을 통한 근본적인 삶의 스타일 변화 유도
- 자기주도(Self-Empowerment)의 원리 이해
- 자아 가치 존중감의 회복
- 일에 대한 새로운 가치 부여 및 조직에서 자신의 역할 재정의
- 개인의 열정 및 관심과 회사 비전의 조화를 통한 화합과 수용
- 개인의 창조적 에너지가 조직의 창조적 긴장감으로 전이
- 조직에 대한 충성심 제고 및 갈등의 극복

3. 주요 학습내용 및 운영 프로세스

20시간

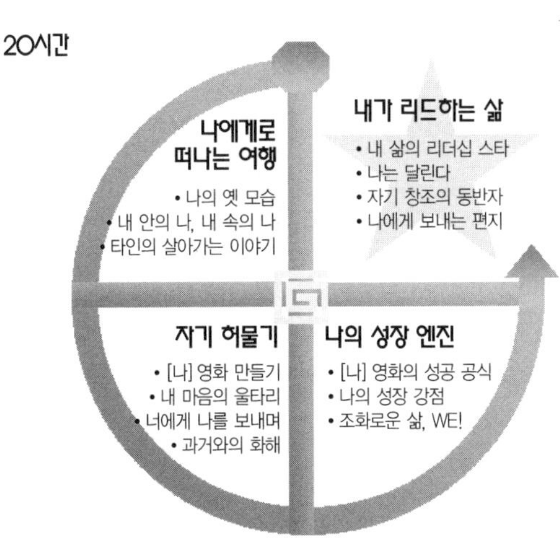